励志读物 名人传记

康熙皇帝传

开创"康乾盛世"的"千古一帝"

成长关键词 ➡ 果敢、开明、爱民

张文君◎编著

成都地图出版社

图书在版编目（CIP）数据

康熙皇帝传 / 张文君编著. —— 成都：成都地图出版社, 2018.4 （2022.4重印）
ISBN 978-7-5557-0879-7

Ⅰ. ①康… Ⅱ. ①张… Ⅲ. ①康熙帝（1654-1722）—传记—青少年读物 Ⅳ. ①K827=49

中国版本图书馆CIP数据核字(2018)第051903号

康熙皇帝传
KANGXI HUANGDI ZHUAN

责任编辑：魏小奎
封面设计：吕宜昌

出版发行：成都地图出版社
地　　址：成都市龙泉驿区建设路2号
邮政编码：610100

印　　刷：唐山富达印务有限公司
（如发现印装质量问题，影响阅读，请与印刷厂商联系调换）

开　　本：710mm×1000mm　　1/16
印　　张：8　　　　　　　字　　数：120千字
版　　次：2018年4月第1版
印　　次：2022年4月第4次印刷
书　　号：ISBN 978-7-5557-0879-7

定　　价：39.80元

I导读 >>>>>>
Introduction

Kang Xi Huang Di
康熙皇帝

　　说到康熙皇帝，我们对他的印象大概来源于各种各样的电视剧。在某些电视剧里，康熙被戏说、歪说，那么，他到底是一个怎样的皇帝呢？这本传记将展现一个全面、客观的康熙大帝的形象。

　　康熙皇帝，即爱新觉罗·玄烨，是清代定都北京后的第二个皇帝，是我国封建社会后期一位具有雄才大略和远见卓识的政治家、军事家和思想家。他在位六十一年，建树颇多，对于我国当时的社会、经济文化的恢复和发展，对于我国统一多民族国家的形成和巩固，都做出了卓越的贡献，是历代帝王中屈指可数的佼佼者之一。终康熙一朝，清朝的政治一直向上发展。清朝的统治也进入了它的全盛时期。康熙皇帝这个充满传奇色彩的杰出历史人物及其波澜壮阔的一生，一直为后人所称颂。

　　康熙八岁登基，十六岁即年少有智，一举除掉了威胁皇权的鳌拜集团，巩固了自己的统治。接着，在面临三藩分裂国家的危急时刻，他态度坚决，将气势汹汹的叛乱势力各个击破，最后平定了三藩，维护了国家的统一。平定三藩后，康熙又派兵渡海收复了孤悬海外的台湾岛，安靖了海疆，使海峡两岸归于一统。在准噶尔贵族噶尔丹大兵压境，妄图分裂国家时，康熙帝三次亲征，平定了噶尔丹的叛乱，巩固了西北边疆。此外，还出兵抗击沙俄对我国东北的入侵，迫使沙俄与清政府谈判，最终签订了中俄《尼布楚条约》，维护了国家的领土完整。在民族政策上，康熙皇帝重用汉族官吏，努力学习汉族文化，提倡满汉一体，使满族入关后一度十分尖锐的民族矛盾得到了缓和。在经济上，康熙皇帝采取了轻徭薄赋的政策，出现灾害时，以减免赋税的方式来赈灾，又多次普免天下钱粮，这些措施减轻了人民的负担，缓和了阶级矛盾。在文化政策上，康熙皇帝重视文教、兴办义学，致力于文化知识的普及，又组织编修了《康熙字典》《佩文韵府》《全唐诗》《古今图书集成》等著名典籍，对我国文化事业的发展起到重要的作用。可以说，康熙皇帝是清一代最有作为的君主之一。

康熙皇帝生活的时代虽然是中国封建社会的后期，但是，在他出生前不久发生的满族入主中原的历史事件，却为中国封建社会后期的发展注入了新的因素，从而使得中国封建社会又进入了一个新的发展时期。时势造英雄，封建社会后期的发展使得康熙皇帝成为一个对当时社会有重要贡献的历史人物。当然，他的成就和他个人的努力也是密不可分的。可以说，康熙皇帝是中国封建社会后期杰出的地主阶级政治家，在中国古代帝王群中也是十分优秀的一个。

这部传记记述了伟大帝王康熙的一生，记录了康熙一生中最辉煌的时刻，从智擒鳌拜、平定三藩、收复台湾到安定边疆。在这些故事中，我们能了解康熙皇帝从一个弱小少年到一位伟大帝王的成长过程，从中能获得许多启示。

开创"康乾盛世"的"千古一帝"

目 录 >>>>
Contents

第一章

KANG XI

少年天子

天下未有过不去之事，忍耐一时便觉无事。

——〔清〕爱新觉罗·玄烨

▶ 因病出宫

　　清顺治十一年三月十八日（1654 年 5 月 4 日），康熙帝玄烨出生在紫禁城内的景仁宫，他的父亲是清朝入关后第一位皇帝——顺治帝爱新觉罗·福临，母亲为佟佳氏。佟氏的父亲是汉军镶黄旗都统佟图赖；她的爷爷是佟养真，早年是清太祖努尔哈赤的手下，他屡立战功，是清朝的开国功臣。佟氏为汉人，本来应该没有当选后妃的机会。但是顺治时期，为了笼络汉人，开始在汉人中选妃。开始的时候，顺治帝和佟氏的感情还是挺好的。可是，在玄烨出生前，顺治帝又爱上了满洲正白旗内大臣鄂硕之女董鄂氏，就把佟氏抛到一边，很少去看她了。因此，对佟氏的儿子玄烨，他的感情也是很淡薄的。在董鄂妃生下皇子后，玄烨更是得不到父亲的疼爱。同时，按清廷的制度，皇子、皇女降生后即与生母分居，交给乳母、保姆抚育，与生母很少见面。所以，皇家子女从小便很少得到父母的关爱，玄烨更是如此。

　　顺治十二年冬季的一天，天比以往要黑得早，而且还下着小雪，使这干冷的天气变得稍有些湿润。

　　这个时候，从紫禁城里出来了一辆马车，马车走得很慢，好像很怕影响到车里的人。车行到北长街路东的一座府邸旁停了下来。府邸大门口早就有人挂了两盏红色的大灯笼，在雪地的映照下，让人感到孤单和冷清。

　　马车进了府内，当行到大堂的门口，早有侍从迎了上来，将一个穿黄缎袄的小孩从车内抱出。这个小孩不是一般人，他是顺治皇帝的第三个儿子玄烨，这一年他才仅仅两岁。能够生在帝王之家，既是小玄烨的幸运，也是他的悲哀。

玄烨好奇地打量着这座陌生的府宅。这座与皇宫一水之隔的北长街的府邸，当时被人们称之为"避痘所"。他的奶妈孙氏走过来说："三阿哥，外面风大，快进屋吧!"于是便抱他进屋去了。孙氏是给玄烨当奶妈时间最长的一个，所以和他的感情也最深。孙氏是白旗汉军包衣曹玺之妻，后来玄烨当了皇帝后，特封曹玺任江宁织造，封孙氏为一品诰命夫人。之后，又让她的长子曹寅接替父亲之职。玄烨南巡时，居住在江宁织造府内。有一天，他同乳母孙氏会见，十分熟悉而亲热地指着孙氏说："这是我家的老人啊!"说毕，当面给孙氏丰厚的赏赐。这时，巧遇庭中萱花盛开，玄烨兴致勃勃地挥笔御书"萱瑞堂"三字，赐给曹家，以为留念。可见玄烨和乳母孙氏的感情之深。

这时小玄烨亲密地搂着孙氏的脖子问："奶妈，这是哪里啊?"孙氏的心里涌起一股辛酸，她抱着小玄烨边走边说："这里啊，以后就是你的家了。"

"我的家?"小玄烨不明白了，"我的家在紫禁城呀。"

"啊，是这样的，你皇阿玛因为你还没有出水痘，所以让咱们先搬到这儿来住。等你出完了水痘，再搬回去。"孙氏对小玄烨解释着，就像对一个大人说话的语气。其实她心里明白，不知要等到什么时候，皇帝才会再来接他们。

"奶妈，皇阿玛是不是不喜欢我呀?"玄烨眨着又大又亮的眼睛问。

"噢，喜欢，喜欢。皇上怎么会不喜欢聪明伶俐的小玄烨呢?等你出完了水痘，皇上很快就会来接你了。"孙氏安慰他，心想："这孩子这么小，就这么聪明懂事，如果他长大做了皇帝，一定是个英明的君主。唉，可惜，皇上那么喜欢董鄂妃，将来董鄂妃有了儿子，皇帝一定会立她的儿子做太子，真是可惜了聪明懂事的三阿哥了。"

其实，小小的玄烨并没有猜错，他离开皇宫来到这里，就是因为他的父亲顺治皇帝不喜欢他。清初，北京地区流行天花病，死亡率极高。为此，官府曾派出"查痘章京"，查到发病生痘的病人，一律驱赶到离城20里的地方，以防病毒蔓延。年幼的玄烨也感染了天花，不能留在皇宫，这才在他乳母的陪伴下来到宫外。其实，皇子、公主出水痘，也是可以留在宫里的，只要隔离一下，就可以了。可是顺治皇帝却偏以玄烨未出水痘为理由，将他迁出紫禁城。这在之前是没有的。其原因还是顺治皇帝不喜欢玄烨，他一直等着董鄂妃生子并立之为太子。但是顺治皇帝的母亲孝庄皇太后一向宠爱玄烨，顺治皇帝怕因为太后宠爱玄烨，影响将来太子的确立，所以才找借口将玄烨迁出宫。后来小玄烨当了皇帝后曾经说过，他自幼年出宫避痘，"父母膝下未得一日承欢"，父母音容也仅留依稀印象，这是他终身最大的憾事。因此，他每逢生日都不愿庆贺。康熙死后，继任的雍正皇帝将他住过的"避痘所"扩建为福佑寺，并设康熙"大成功德佛"牌位供奉。这个牌位现存于故宫。

▶ 少年勤学有志向

在特殊的生存环境中，在小玄烨的启蒙之年，乳母、宫女和太监们成为他最早的启蒙老师。而在智力开发方面，小玄烨受益最多的还是他的祖母孝庄皇太后。孝庄皇太后是清初一位颇不平凡的女子，她既有清醒的政治头脑，又有对事情的真知卓见。她之所以非常喜欢小玄烨，就是因为看出他具有许多做君主的优点，于是就按照帝王的标准严格地施教于他。

小玄烨后来当了皇帝，回忆孝庄皇太后时充满感情地说："我今天能使清朝的天下太平无事，很多都是从皇祖母那里学的啊。"

孝庄皇太后是一位贤良而有卓识的蒙古族妇女，她出身蒙古科尔沁部之家。她于1625年嫁给皇太极为妃，年仅十三岁；二十六岁生下福临，就是后来的顺治皇帝。皇太极去世时，福临仅六岁，孝庄皇太后才三十一岁，正是发挥才智的时候。此后，顺治、康熙两朝都得到了她的有力辅佐。孝庄皇太后对玄烨爱护有加，给予

勤奋学习的玄烨

了特别的钟爱和培养。由于幼年的玄烨五官端正，双目有神，口齿清晰，举止庄重，自有一副"天子"之相，祖母认为孺子可教，让自己的亲信侍女苏麻喇姑协助照看这位孙儿。

苏麻喇姑是孝庄皇太后同族的蒙古人，自幼随侍孝庄皇太后，陪嫁至满洲。苏麻喇姑聪明好学，小玄烨最初的学习多是依靠苏麻喇姑的帮助。

顺治十四年，也就是玄烨出宫后两年，他一出过水痘，孝庄皇太后就让皇上派人把他接了回来。玄烨在宫外居住期间，董鄂妃生下了皇四子，玄烨有了一位远比他高贵的弟弟。听到董鄂妃生了皇四子，顺治帝欣喜若狂，高兴地说："这是我的第一儿子呀。"并大张旗鼓地为这"第一子"的降生告祭天地、太庙，隆重庆贺，准备指定皇四子为未来的皇太子。但这位皇四子出生后仅三个多月，名字还没来得及取，就夭折了。皇四子死后，董鄂妃再没有生育，顺治帝对玄烨的感情才逐渐有了好转。所以这一次

孝庄皇太后提出把刚出完水痘的玄烨接回宫来，顺治帝立刻就答应了。

自从小玄烨回到皇宫后，孝庄皇太后就刻意对年幼的玄烨进行一系列的培养。孝庄皇太后重视对玄烨进行本民族传统文化的教育，特别让苏麻喇姑教他读写满文，为玄烨深入学习和掌握本民族文化，打下了坚实的基础。他后来登基，批阅满文奏折，见到错误便能立即纠正，满文也写得舒展流畅。

孝庄皇太后经常亲自教诲玄烨，对他提出严格的要求。在饮食、立足、行走、语言等方面，都以帝王的标准对小玄烨进行了严格训练。例如"俨然端坐"是皇帝举止修养的基本功。为了养成这种习惯，皇太后时刻告诫他："大凡一个人行走、坐卧，都不应该左顾右盼，这不但关系到一个人的德容问题，而且也容易犯忌讳。"所以玄烨自幼年登基，直到日后与诸大臣议事、论证经史，或与亲属闲话家常，都是"俨然端坐"，这就是从小养成的习惯。

同时，玄烨小的时候还有一位很好的老师，对小皇子敢于严格要求，他就是小玄烨的启蒙老师彭而述。起初，玄烨还很听话，读书也很下工夫。但过了一段时间，他觉得所学的东西都会了，天天念经书没有趣味，便该做的功课不做，该背诵的文章也不肯背了。彭而述六次劝说皇子要认真读书，脚踏实地地学习，不可急于求成。但大多只被小玄烨当作耳边风，毫不理会。

有一天，玄烨又没有将该背的诗文背诵下来，还摆出一副若无其事的样子，彭而述非常生气，拿起戒尺打了他的手背，小玄烨看见老师竟然敢打自己，就哭哭啼啼地跑到顺治皇帝面前去告状。彭而述也随之跟来，对顺治皇帝说："臣打皇子是因为他犯了错，不以规矩不能成方圆。我正是为了不辱圣命，所以要对皇子负责，也要对朝廷负责。"彭而述又道，"如果现在对小皇子不严加管教，小皇子将来如何能安邦治国？"皇帝听后，把脸一沉，对小玄烨斥责道："儿读书是明君，不读书是昏君。老师教学有方，不可不听老师的话！"说着，叫来小玄烨，让他给彭而述跪下请罪。小玄烨虽然还十分年少，但他很识大体，明白了老师的一片苦心，就恭恭敬敬地给老师跪下谢罪。从此以后，小玄烨跟着彭而述规规矩矩地读书，长进很快。后来，康熙皇帝在经学上的造诣，很多得益于启蒙恩师彭而述的耐心教诲。彭而述死后，康熙皇帝为了纪念他，特意让人在他的家修了一座彭公塑像，并在彭公塑像前塑了一个自己跪师的雕像。

成长关键词 ↓ 果敢 开明 爱民

顺治十六年的一天早晨，六岁的玄烨与哥哥福全、弟弟常宁一起到宫中向皇阿玛请安。顺治皇帝望着三个儿子，不禁想起早夭的皇四子，心中一阵难过。但看着眼前的三个儿子全都粉雕玉琢、精精神神，又有一些安慰。他呷了口香茶，慢慢问道："你们三个，都有什么志向呢？说出来听听。"常宁才三岁，自然不能回答。福全深明事理，知道祖母宠爱三弟，争不过他，所以只说："我长大了，想做一个贤明的亲王。"顺治帝听了，有些失望，没有说话。他转过身来问玄烨："你呢？你的志向是什么呢？"六岁的玄烨早已从祖母那里接受了继承父位的思想，便不慌不忙地回答："等我长大了，想要效法皇阿玛，为国尽力。"顺治听了很高兴，感觉玄烨长大了，有志向，况且母亲又喜欢他，于是初步产生了让皇三子玄烨将来接替帝位的想法。

▶ 父皇去世，玄烨即位

顺治十七年年底，正值新年即将来临之际，紫禁城内早已张灯结彩，宫女、太监穿梭往来，洋溢着迎接新春佳节的热烈气氛。这时，顺治皇帝突然染上了天花。天花病在当时被人们认为是无法治愈的病，这件事情在紫禁城内引起了极大震动。顿时，春节的喜庆气氛一扫而空。刚刚由人们在宫中挂上的门神、对联、彩灯、彩带全部被撤去了，孝庄皇太后取消了重大的节日庆典，早已做好准备进宫参加元旦盛宴的大臣们闻讯感到紧张万分。正月初四，朝廷正式向文武大臣宣布顺治皇帝染上了天花病，并让全国上下一起祈求皇帝康复。

这个时候顺治皇帝在养心殿养病，他知道自己得的是天花，清楚自己危在旦夕，思虑万千，忧心忡忡。其实，顺治皇帝在董鄂妃去世后，就开始一天天虚弱起来。他知道几个儿子还很小，究竟选择谁来当皇帝，又选哪些大臣来帮助新皇帝？妥善处理好这两个重大问题，对于要即位的年幼皇帝和建立不久的清朝来说，无疑是非常重要的。长期存在的长子继承制度已经不符合要求了，于是顺治皇帝吸取了汉族皇位传子制与满族君主推选制的优点，凭借自己所处的至尊地位，创立了由皇帝从众皇子中选择继承人的建储制度，这一建储制度后来成为清朝的定制。

小玄烨的继位就是这一建储制度的首次实践。小玄烨不仅聪明，而且孝庄皇太后一直喜欢他，并把他作为皇位的继承人来培养；同时，小玄烨已经出过天花了，有免疫能力，其他皇子却未曾出过天花，很有可能发生眼下这样的悲剧。顺治皇帝鉴于自己的病状，在孝庄皇太后的全力支持下，经过深思熟虑，最后决定立玄烨为嗣。顺治十八年正月初六日夜半，顺治皇帝预感到自己生命垂危，急命太监传呼大臣赶赴养心殿。顺治皇帝口授遗嘱，聆听的大臣跪伏病床前，泣不成声，只是呆呆地握着笔杆发抖，久久不能下笔。在顺治皇帝的命令下，大臣才强抑悲痛，立即在御前先草拟好第一稿，交奉顺治。顺治皇帝支撑着病体，阅毕时，已瘫在床上，动弹不得，但还是挣扎着将遗诏反复修改直至完善。临终的时候，顺治皇帝对八岁的玄烨说："玄烨，父皇就要走了，以后你就是大清的皇帝，好好治理国家吧。"

"皇阿玛，请您不要那样想，您一定会平安无事的。"玄烨的眼中噙满热泪。

"我本想多活几年，亲眼看你长大成材，现在怕没有希望了。"

"皇阿玛，您振作起来，您是长寿多福的天子。"

"孩子，我确实不行了，真舍不得离开你们和百姓。不过，你聪明伶俐，将来一定会是一个有道明君。你已出过天花，一定会长寿多福的。国家交给你，我也就放心了。"

顺治帝歇了一下，喘了口气，又慢慢地说："你年纪还小，除了需要太后指点，朕还为你选了四个亲信大臣辅佐。孩子，你好好努力吧。"

顺治帝说完这些话，便很安详地闭上眼睛长眠了。玄烨伤心极了，他泪眼模糊地望着父亲，默坐了许久，等到他觉醒过来，伸手去摸父亲的手时，已经冰凉了。屋里屋外，跪着无数的大臣、宫女、太监。远处传来宣告顺治帝驾崩的凄凉钟声。铅灰色的天空，云层沉重而缓慢地向南移动，一阵风吹过，雪花便纷纷扬扬地下了起来。小玄烨的泪，又流了下来。

正月初九，八龄幼童玄烨即位。清朝分别派遣官员告天、地、宗庙、社稷。玄烨穿上孝服在顺治帝灵位前，敬读告文，行三跪九叩礼，接受诏命。然后，他换上礼服，到皇太后宫行礼，后走向太和殿，登上皇帝宝座，君临天下，做了清朝入关后的第二个皇帝。王以下文武百官穿上各式朝服，整齐肃穆，一排排序立在八龄幼皇面前。当玄烨令免去宣读贺表之后，各官一齐叩头行礼。而后布告天下，颁诏大赦，以第二年为康熙元年，由此开始了他六十一年的伟大帝王生涯。

▶ 辅政大臣与圈地风波

顺治皇帝去世后，年幼的玄烨继承了皇位，当时小玄烨才八岁。在顺治皇帝的安排下，设立了四位辅政大臣，他们是索尼、苏克萨哈、遏必隆、鳌拜。当时为了进一步削弱诸王贝勒的权力，避免宗室结党专权，顺治皇帝的遗诏改变了幼主由宗室辅佐的传统，让这四位异姓"勋旧重臣"来辅佐，帮助年幼的康熙皇帝处理政事。

索尼，姓赫舍里氏，满洲正黄旗人。他的父亲和叔叔在努尔哈赤时，都是非常受信任的文人。在皇太极执政的时候，索尼因久在军队中，出生入死，屡立战功，成为一位不可忽视的战将。皇太极死后，索尼坚持让顺治皇帝即位。清朝入关后，畏于多尔衮的权威，许多人都听命于多尔衮，但是索尼却坚持自己的主张，不肯投靠，后来被罢官抄家，流放到盛京。顺治皇帝亲政后，索尼被召回北京得到了重用，并被封为内大臣兼议政大臣，成为历事四朝的老臣。

苏克萨哈，姓纳喇氏，满洲正白旗人。他的父亲早年归顺了努尔哈赤，后来得以娶努尔哈赤的女儿为妻，因此，实际上他与顺治皇帝为姑表兄弟。尽管他所立战功少，但因为他以多尔衮所领正白旗属下的身份，在多尔衮死后率先揭发多尔衮阴谋篡逆，反戈一击，大受顺治帝和孝庄皇太后的赏识。此后又在湖南、湖北大败抗清义军，被提升为领侍卫内大臣。因此，他成为正白旗中举足轻重的人物。

遏必隆，姓钮祜禄氏，满洲镶黄旗人，是清朝开国功臣。在清朝前期的军事行动中多次立功。因反对多尔衮专权，被剥夺官爵俸禄，抄没一半家产。顺治皇帝亲政后，他再次得到了皇帝的信任，上书讼冤被起用，升任议政大臣，领侍卫内大臣。

鳌拜与遏必隆同旗，姓瓜尔佳氏，为清初开国功臣费英东的侄子。在清朝初年，鳌拜是一员不可多得的战将。几乎所有重大战事他都曾领兵参与，身先士卒，骁勇善战，立大功无数，有"勇士"之称。皇太极死后，他誓死主张立其子为君，因而积怨于多尔衮，被三次论死，只因功高而幸免于难。多尔衮死后，命为议政大臣，进世袭二等公，又升任领侍卫内大臣。

这四个辅政大臣都有很高的功劳。他们被选为辅政大臣委以重任，一是因为这四人都是家世显赫、屡建勋劳的功臣，有一定的影响力；二是因为他们在支持皇统继承、反对多尔衮专权擅政的重大政治事变中，旗帜鲜明、态度坚决，甚至因此受到迫害。这种安排确实是煞费苦心，又万般无奈的慎重选择。这些都是孝庄皇太后面临幼君登位的情况，运用经验和智慧的安排，以使她的孙子安然于位。

在小皇帝康熙最初的几年里，这四位辅政大臣都尽心尽力地辅佐皇帝。但是在这几年里，小玄烨不再是那个安心读书的孩子了，他要面临作为皇帝的第一件大事了。在康熙五年（1666年）正月刚过完年的一天，小康熙心血来潮，想出去走走。他穿上便装，带着心腹侍卫阿舒默尔根一起出了紫禁城。

当小康熙走到街上的时候，他发现街上出现了许多乞丐，这些人像是从地下冒出来似的，开始沿街乞讨。

"大爷大妈，给点吃的吧，俺是从热河逃难来的。"

"行行好，赏口饭吃吧，镶黄旗圈了我们的地，我们没有饭吃，要饿死了。"

这样的声音不时出现在年幼的康熙耳边，康熙皱起了眉头。他让侍卫叫住了一个衣衫褴褛的乞丐，和蔼地问道："你是从哪儿来的？为什么讨饭？"

圈地风波

这是一个五十多岁的老乞丐，他看见康熙穿得很华丽，心想大约是个富家子弟，便叹了口气说："我是河南人，祖祖辈辈都是农民。"

"既然这样，你怎么又到北京来要饭呢？"

老乞丐抹了一把脸上的泪，伤心地说："我们的好地全让鳌拜圈去了，他们镶黄旗只换了一点沙碱地给我们，什么也不能种，没饭吃呀！"

这是怎么回事呢？原来，清朝入关以后，明朝的皇亲国戚、文武百官死的死，逃的逃，撇下了无数的无主荒田。

当时的顺治皇帝还小，由亲王多尔衮做摄政王，帮助处理政务。多尔衮看见有这么多田地，便下令分给各旗使用。各旗的旗主派人用一根绳子，拴着两匹马，上头插一杆旗，后面的士兵使劲用鞭子抽马，马绕着地跑，兜多大圈子，圈子里的地便成了旗人的产业，这就叫"圈地"。清初的"圈地运动"遍及直隶、山东等七十七个州县，纵横两千里，圈子里的百姓一律被赶出去，或者换给他们一点不长庄稼的土地。因此，"圈地运动"带来的往往是田园荒芜，百姓流离失所，哭声遍地。

康熙听了老乞丐的话，不解地问道："我记得，河南一带的地是正白旗的地，他们的旗主苏克萨哈是今天圣上的四大辅臣之一，镶黄旗主鳌拜也属于四大辅臣，他怎么会抢正白旗的地呢？"

老乞丐回答说："公子，您不知道，顺治初年，朝廷曾下令圈占北京附近的田地给八旗将士。"康熙点了点头，说："这件事我知道。"老乞丐接着又说："当时的摄政王多尔衮属于正白旗，他利用权势，擅自将镶黄旗所圈的迁安、卢龙一带条件较好的地，给了苏克萨哈带领的正白旗。""把正白旗应圈的大城、保定一带条件较差的地，给了鳌拜带领的镶黄旗。"一个年轻的乞丐插嘴道。

康熙和阿舒默尔根这才发现，不知什么时候，周围已经聚了一堆乞丐。他们的脸上，都露出愤愤不平的表情。那个老乞丐又接着说："是呀，鳌拜当时对多尔衮这种做法很不满意，但是当时多尔衮权势大，谁也不敢提出反对意见。"

刚才说话的年轻乞丐又说："现在二十多年过去了，鳌拜因镶黄旗受压的这口气一直憋着，现在他成了辅政大臣，认为出气的时候到了……"小乞丐还没有说完，一匹快马飞驰而来，马上一个差役，不停用鞭子抽打路两边的行人。差役的口里还不干不净地骂道："滚开，滚开，别挡了老子的路。"阿舒默尔根赶紧保护康熙退到房檐下。老乞丐岁数大了，腿脚慢了一点儿，跌了一跤，把腿跌出了血，疼得直呻吟。小乞丐赶忙扶起他。

康熙心里很难过，走过去，从兜里掏出一块金子，递给老乞丐，说："老人家，拿去买点药，再买点吃的吧。"老人的泪流了下来，感动地说："谢谢公子。"阿舒默尔根问周围的人："刚才那个差役是哪儿的？"大家都很生气，异口同声地说："还能是谁，不就是鳌拜家的狗腿子嘛！"康熙听了，沉默了一会儿，便转身走了。后边的人们议论纷纷，说："这个有钱的公子是谁，心肠这么好？""菩萨保佑你，好心人。"老乞丐喃喃地说。

康熙和阿舒默尔根走在回宫的路上，他一直沉默着。"皇上，您不要太忧虑了。"阿舒默尔根安慰他。

"朕对不起百姓，让他们受苦了。你回去赶快调查这件事。"

"是！"

康熙的两眼像要冒出火来，说："鳌拜太狂妄了，一定要处理他。"

康熙的四大辅臣中，排位最后的是鳌拜。但他自恃骁勇善战、军功卓著而目中无人，独揽大权。居首位的索尼，虽然是有声望的四朝元老，但因为年老体弱，斗不过鳌拜，处处忍让。居第三位的遏必隆，因为与鳌拜都属于镶黄旗，凡事都附和鳌拜。居第二位的苏克萨哈，因过去圈地一事，和鳌拜宿怨很深，是鳌拜重点打击的对象。鳌拜眼看自己的权势越来越大，近来又收服了遏必隆，对苏克萨哈根本不放在眼里。

一天，康熙早朝后在养心殿看书，时钟敲到十一点，辅政大臣苏克萨哈求见。康熙很诧异，这个时候苏克萨哈有什么事呢？他忽然想到"圈地"一事，便不露声色地宣苏克萨哈进来。

侍卫退下，一会儿，苏克萨哈面色苍白地进了上书房，伏在地上磕头，大声说："万岁！臣请求诛杀鳌拜这个逆贼！"在场的人听了这句话，都脸色大变，要知道鳌拜当时的权势，正大得如日中天哪！康熙的心里也惊异万分，尽量控制着激动的心情问道："鳌拜是朝廷重臣，他犯了什么罪？你们辅政大臣在一起商议过吗？"苏克萨哈叩头答道："启禀万岁，康熙元年您曾下诏禁止'圈地'，三年又重申。但是鳌拜的镶黄旗现在还在'圈地'，继续霸占呼伦贝尔以西与科尔沁以南的土地，连热河的皇庄也有一部分土地被他圈了去。臣认为，这样的辅政大臣应该斩首！"

话还没有说完，只听"砰"的一声，康熙愤怒地拍着桌子站了起来。他实在气坏了，他没有想到鳌拜"圈地"的范围这么大，这么胆大妄为。他刚想发火，忽然想起祖母平时的教导——"万事勿急"，便深吸了一口气，又慢慢坐下来问道："你说这话有没有证据？"苏克萨哈急忙从袖子里取出一份奏折呈上："皇上，这是户部尚书苏纳海、直隶总督朱昌祚、巡抚王登联联名上疏，以他们的所见所闻，请求停止交换'圈地'。"

康熙快速地看完了奏折，苏克萨哈又补充道："万岁不妨派人去京城内巡视，看看有多少因失地逃难到京的饥民！"康熙想了想，说道："你所奏的事情，朕会派人细细考察。你与鳌拜都是辅政大臣，共同面对先帝托孤的圣谕，应该同心协力才是。你退下吧。"

康熙没有立刻表明对这件事的判断，是因为他还想看一看鳌拜的态度。苏克萨哈一走，康熙立刻去探望孝庄太皇太后，并把这件事对祖母说了。孝庄太皇太后的头发全白了，但双眼还是明亮而有神采，她慈爱地望着康熙说："皇上又是怎么想的呢？"

康熙叹了口气说："苏克萨哈的忠心，朕是知道的，但他没有大权，有许多事，他还办不成。"

"那皇上打算怎么处理'圈地'一事呢？""'圈地'一事，朕亲眼看见了。但是，事关辅臣们之间的党派争斗，朕觉得还应该小心才对。"

"嗯，联名上书的王登联，不是苏克萨哈的学生吗？苏克萨哈想借此清除鳌拜呀。"

"是这样的，禁止'圈地'是对的，但鳌拜现在大权在握，欺主年幼，十分嚣张，不能轻易动他。"

"所以，皇上应该暂时将苏克萨哈的奏折扣下不发，也不表示什么意见，看看鳌拜的动静再说。"

"这样一来，鳌拜会以为朕不敢办他，不是会更狂妄吗？"

"不，躲避锋芒是为了寻找时机反击。皇上熟读兵书，应该懂得这个道理。""对，这是目前最好的解决办法了。"康熙感激地望着年迈却充满智慧的祖母。

第二天早朝，鳌拜特别精神，他旁若无人地走进了金銮殿，一边走一边说："臣鳌拜奏请圣安。"

只弯了一下腰，不等康熙说话，他便直起身说："臣已年迈，请皇上允许臣站着侍候。"他竟然不给皇上磕头！

康熙压住了心中的怒气，笑了笑说："自然可以——苏克萨哈、遏必隆、康亲王，你们也起来吧。"又对鳌拜说："鳌少保，苏纳海、朱昌祚、王登联三人的奏议，想必你已读过了吧？"鳌拜把头一抬，不卑不亢地举手一揖，答道："臣已经读过了。这三人身为国家大员，欺骗皇上，已经不遵人臣的礼节，应该处斩！不知道皇上为什么把这大逆不道的奏折扣下不发？"

鳌拜的话说得又响亮又利落，满殿无一个人敢应声。康熙不禁抽了一口凉气，暗暗想：鳌拜今天这么放肆无礼，一定是知道索尼病危，便有恃无恐了。他心里很生气，看看左右侍卫，除了阿舒默尔根等少数几个人外，其余根本不认识，便压住怒火说："满汉各旗已经和睦相处二十多年了。现在因为'圈地'，使汉人背井离乡，只怕也违背了祖训吧？"

康熙顿了一下，又接着说："苏纳海等人说得也许不全对，但朕看他们的本意，还是一片赤诚。"鳌拜看见十三岁的小皇帝竟然没被自己吓倒，还能侃侃而谈，心中很惊疑，便说："满汉杂处，会被汉人同化，失去我们满人的本质！"鳌拜还没说完，沉默在一旁的苏克萨哈竟然忍不住冷笑一声，开了口："请问鳌公，难道汉人不是我朝子民吗？把他们赶出家园，无衣无食，又符合祖先遗训吗？"他话音一落，康熙厉声喝道："这像话吗？"

君臣相对奏议，到了这个份儿上，鳌拜本应该跪下叩头认罪。但他在上朝之前，已事先打听到索尼处于弥留状态，快不行了，所以他毫无惧色，傲慢地把头一抬，说道："是不像话，苏纳海三个大臣欺君，应该处死！"由"圈地"谈起，谁想到，竟会扯到欺君的问题。议来议去，一件事变成了两件事。

康熙深恐再争下去会生出更多枝节，便说道："今天只谈苏纳海三人的奏议，别的事朕自然能查明处理。"可是此时，鳌拜却因为苏克萨哈当众驳他，被激得怒火万丈，他也顾不得君臣之礼，竟在大殿上高声嚷道："欺君之罪，应该凌迟处死。判他们斩首，已经是从轻发落，皇上这么不决断，还怎么治理国家？"康熙铁青了脸，端坐在椅子上，沉默不说话。苏克萨哈和鳌拜互相盯着对方，目光如刀似剑，恨不得把对方剜下一块肉来。大殿上悄无声息，沉默得连一根针掉下都听得见。

康熙见自己的七叔——康亲王杰书始终没有发言，便问道："杰书，你说这事该怎么处理？"杰书胆怯地看了一眼满脸凶相的鳌拜，装作低头思考，沉默不吱声。康熙失望地暗暗叹了口气，又说："遏必隆，你的看法呢？"遏必隆赶紧跪下，说道："奴才认为应按鳌中堂说的办。"杰书赶忙说："臣也是这么想。"鳌拜咯咯笑了两声，走到苏克萨哈跟前，拍了拍他的肩头，说："苏克萨哈老弟，难道你心里舍不得你的门生王登联？"听了这话，苏克萨哈打了个冷战，抬头看了一眼正襟危坐的康熙，良久，他才长叹一声："唉……"这也算表明了态度，鳌拜心中十分满意，转身对康熙说："皇上，既然臣等所见相同，就请皇上下旨吧！"

康熙绷紧嘴唇，倔犟地昂着头，仍旧沉默着，两只紧握椅子的手在微微颤动。鳌拜见康熙不说话，微微一笑，说道："哦，我倒糊涂了，想必皇上年幼学浅，不能亲自写诏书。既然这样，臣只好斗胆代笔了。"他竟大步走向御桌，提起御笔，唰唰一阵，一篇诏书便写成了。他大声读道："圣旨：苏纳海、朱昌祚、王登联不遵上命，立即处斩，钦此。"说完，命人立即将这三人送上断头台。康熙霍地站起来，气得拂袖而去。杰书、遏必隆、苏克萨哈等大臣像做了一场噩梦，被鳌拜狂妄的举动弄得目瞪口呆。鳌拜却像没事人一般，将两手的骨节捏得一声接一声地响。

鳌拜挑起的争地风波，使康熙清楚地看到了，如果让鳌拜继续专权骄横下去，将给朝政造成严重后果。因此，在小康熙的心里萌生了要除掉鳌拜的念头。

▶ 智斗鳌拜

当康熙届临十四岁的亲政年龄时，他就策动三辅臣于康熙六年（1667 年）上奏让自己亲政。但是当时他的能力和势力仍没有达到能与鳌拜抗衡的地步，小康熙要求四大臣继续辅政。在这不久之后的六月，四位辅政大臣之一的索尼病逝。七月，在孝庄太皇太后的决定下，小康熙正式亲政。康熙在紫禁城的太和殿接受王以下文武官员的庆贺礼，向天下宣告自己开始亲政。从此，十四岁的康熙就定期亲临乾清门听政，令鳌拜等人仍以辅政大臣的身份处理国家军政事务。

年幼的康熙亲政后，经过一段时期的磨炼，在观察问题和处理政务方面，都有了一定的主见与能力。但是，鳌拜权重势大，康熙的旨意大多都无法遵行。在康熙亲政的最初日子里，就面临了一个难题，正是这件事才让年幼的康熙决定要除掉鳌拜。

当时，鳌拜在朝廷中的势力很大，鳌拜同亲弟都统穆里玛、侄塞本得、秘书院大学士班布尔善、吏部尚书阿思哈、兵部尚书噶褚哈、兵部侍郎泰璧图等结成死党，把持了议政王大臣会议和各部实权，滥用康熙皇帝的权威，专横跋扈。朝廷的文武官员，多出自鳌拜门下，所有的政事先要由鳌拜看过后，才能交到康熙皇帝的手中。鳌拜的所作所为让年轻有为的康熙皇帝无法忍受，年幼的康熙从切身体验中已清楚地认识到不除掉鳌拜，他就不可能整肃朝纲，也不可能按照自己的旨意推行政务。康熙刚到十六岁，亲政还不满两年，资历尚浅。可是，他的对手鳌拜是三朝元老，经过多年培植，其私党盘根错节，已严密地控制着中央各个要害部门，针插不入，水泼不进。

年幼的康熙感到要从鳌拜手里夺回权力，绝不是轻而易举之事，需要经过周密考虑和巧妙安排。他经过反复思虑，决意力避打草惊蛇，采用特殊的斗争方式来清除鳌拜。于是，康熙智擒鳌拜这一富有戏剧性的一幕出现了。

为了麻痹鳌拜，康熙用了古人的韬晦之计。他竭力装作酷爱戏耍，无意于政事的样子，精心

鳌拜

选出一批年轻力壮的侍卫，天天和他们一起耍弄练习掼跤的一种布库戏。即使鳌拜上朝奏事，康熙也照常同小侍卫们戏耍，从不回避。鳌拜屡见这般情景，真以为康熙年少幼稚，好耍武艺，还没有把心思用在政务上。从此，鳌拜"心益坦然"，他常在宫中进进出出，从不戒备。

康熙亲督侍卫们练习掼跤，既提高了小伙子们的擒拿技能，又麻痹了鳌拜。眼看时机成熟，他命令百来个年轻侍卫加紧练习布库戏，学习擒拿格斗的本领，告诉他们英雄很快就会有用武之地，立功受奖的日子就要到了。

康熙皇帝又以下棋为名，分别招来吏部侍郎索额图等大臣，要求他们搜集鳌拜的劣迹，在铲除鳌拜阴谋集团的斗争中立功。康熙将自己的想法告诉了祖母，孝庄太皇太后听后非常高兴，孙子和自己想到一起了。为了剪除后患，孝庄太皇太后给康熙出了个主意，可以将鳌拜的党羽用各种名义先派出京师

后，再逮住鳌拜本人。康熙遵照祖母主意，立即和索额图、熊赐履等大臣研究了一个方案，将鳌拜的党羽派往各地。为了不引起鳌拜的怀疑，将他有靖西将军头衔的胞弟穆里玛、儿子纳穆福等留着不动。

一天，鳌拜旁若无人、大摇大摆地独个儿入朝上奏，到了御座前，他也不下跪，只是微微躬了躬身说："皇上召见微臣，不知有何吩咐！"康熙皇帝见鳌拜那种骄横的样子，心里愤恨极了，便一拍御案，厉声说："鳌拜，你可知罪？"鳌拜冷笑一声，还是像往常那样，放肆地挥动手臂："我鳌拜奉先帝遗诏辅佐皇上八年，教会皇上如何管理国家大事，何罪之有？"康熙见鳌拜还敢如此嚣张，就加重语气斥责说："大胆鳌拜，你陷害忠良，图谋不轨，难道不是罪吗？"鳌拜见自己的阴谋被揭开，顿时勃然大怒。他以为康熙皇帝羽毛还未丰满，没有能力搞垮他。

于是，他竟跨前一步，直冲到御案跟前，伸出右手用质问的口气大声叫嚷道："说我鳌拜犯了如此大罪，请拿出证据来！"康熙见鳌拜不见棺材不落泪，便大喝一声："来人哪！快把这奸贼给我拿下了！"话音刚落，立即就从四面八方冲出百来名年轻小将，直逼鳌拜。鳌拜是久经沙场的猛将，见冲上来的都是赤手空拳的小孩子，并没有把他们放在心上，竟然挥拳踢腿地抗拒起来。他哪里知道，这些小家伙练布库戏已有很久，早已练就一套擒拿格斗的本领，并且又是人多势众，他鳌拜一人哪能对付得了？

很快，武功超群的鳌拜就被摔得仰面朝天，接着就是一阵拳打脚踢，鳌拜躺在地上疼得直叫唤。小侍卫们用绳子把鳌拜五花大绑，迫令他跪倒在皇帝面前。鳌拜还在大叫："冤枉，冤枉！皇上亲手杀顾命大臣，先帝得知，一定不会饶了你！"

康熙脸色沉了下来，说道："想个法儿，叫他不能胡说！"侍卫用棉絮把鳌拜的嘴堵起来。鳌拜不能说话，只是瞪大了眼睛，狠狠地看着康熙。康熙眼见首战告捷，心中十分高兴。但当他看到鳌拜满脸狰狞的神情，再想想刚才那场恶斗，心里不免有些后怕。

之后，康熙立即命议政王大臣等勘审鳌拜罪行。经议政王大臣康亲王杰书等勘问议定：鳌拜罪行三十款，遏必隆罪行十二款，班布尔善罪行二十二款，那麻佛罪行十二款，塞本得罪行六款，均处死刑。

智擒鳌拜

随后，康熙特召鳌拜亲自审问，鳌拜承认情况属实。虽然鳌拜自知罪行深重，但他仍企望能免去一死。他面对康熙，突然揭开衣服，袒露身体，暴出以往为救康熙的祖父皇太极而留下的累累伤痕。

康熙一瞥，油然萌生怜悯之情。他深情地望了望鳌拜，下笔批示说："鳌拜理应依议处死，但念效力年久，虽结党作恶，朕不忍加诛，着革职，籍没拘禁。"于是鳌拜连连叩头，嘴里喃喃地念道："谢皇上不杀之恩，罪臣来生愿变犬马报答。"鳌拜原先是代替皇帝发号施令的大臣，生活过得很奢侈，监狱中的生活哪里能熬得住？过了不长时间，他就死在监狱中了。他的儿子纳穆福还算幸运，在父亲死后不久就被开释，活着走出了监狱。

在智斗鳌拜和处理鳌拜专权案中，年轻的康熙皇帝已开始显示出机智、沉着、勇敢与正直的本色。他在缔造未来伟业的路上，终于跨出了成功的第一步。一场阴谋反叛事件平息了，整个事件的经过显示了康熙皇帝这位少年天子的英明果断。可是，新的严峻的考验又接踵而来。没过多久，由吴三桂等人挑起的叛乱事件在南方爆发了。

名人名言·勤奋

1. 天才就是百分之九十九的汗水加百分之一的灵感。

——〔美〕爱迪生

2. 勤能补拙是良训，一分辛劳一分才。

——华罗庚

3. 业精于勤荒于嬉，行成于思毁于随。

——〔唐〕韩　愈

4. 人生在勤，不索何获。

——〔东汉〕张　衡

5. 没有任何动物比蚂蚁更勤奋，然而它却最沉默寡言。

——〔美〕富兰克林

6. 聪明在于勤奋，天才在于积累。

——华罗庚

7. 人的大脑和肢体一样，多用则灵，不用则废。

——茅以升

8. 古今中外，凡成就事业，对人类有作为的无一不是脚踏实地、艰苦攀登的结果。

——钱三强

9. 哪里有天才，我是把别人喝咖啡的功夫，都用在工作上的。

——鲁　迅

10. 才华是刀刃，辛苦是磨刀石，很锋利的刀刃，若日久不用磨，也会生锈，成为废物。

——老　舍

KANG XI

平定三藩

我扑在书上，就像饥饿的人扑在面包上。

——［苏联］高尔基

▶ 三藩起兵

　　顺治末年，岁缺饷额四百余万两。而当前最大的难题，是如何妥善解决三藩之事。所谓的三藩，就是指明末农民战争时期，由投降清朝的汉族大官僚们所组成的地方割据势力。他们同清朝统治者一起镇压了农民革命，因而被清朝封为藩王，割据一方。

　　清朝政府封吴三桂为平西王，驻守云南；封耿仲明为靖南王，驻守福建，后来耿仲明父子相继死亡，由耿仲明的孙子耿精忠袭藩王爵位；封尚可喜为平南王，驻守广东。三藩都是靠镇压农民起义起家的，是清初破坏统一的三个分裂割据集团。吴三桂是三藩中势力最强大的一支。他在明末农民战争时期，曾经多次向多尔衮请求帮助，后来出卖了山海关投靠了清朝。

　　在清朝入关后，他也是剿灭农民起义的急先锋。后来，吴三桂被封为藩王，他依靠手中掌握的权力，大肆进行分裂割据活动。在驻地内，他在政治和军事上掌握着任免官吏的大权。吴三桂推派的官吏，号称"西选"，当时"西选之官，遍天下"。在经济上，他掌握独立的财权，仅俸饷一项，每年就达九百余万两白银。

　　为了稳住吴三桂，年幼的康熙皇帝想出了一条妙计，就是派明珠做赐婚使，从皇族少女中选一庶出公主，赐号建宁，把这个建宁公主嫁给吴三桂的儿子吴应熊。

　　在康熙十二年（1673年）三月的一日，年幼的康熙皇帝在书房内看书，有太监禀报有平南王尚可喜的奏折。康熙皇帝打开一看，原来是尚可喜上疏要求回辽东"养老"，留其子镇守广东。这时康熙已亲政数年，并运用智慧清除了鳌拜。他鉴于历代藩镇得失的经验和三藩之害的教训，早已准备撤藩。因此，康熙皇帝读了尚可喜的奏疏，自然大快心意。他立即批复，并且赞扬尚可喜归老辽东的奏疏。

康熙皇帝做完批复后心想，虽然尚可喜回乡，但是其他藩王怎么办呢，还有如何处理广东接下来的事情呢？

康熙下令让大臣们入宫讨论这件事。在明珠等人的建议下，康熙皇帝否定了尚可喜奏疏中请长子尚之信承袭王爵的要求。议政王大臣等则以尚之信置镇广东，会造成该藩及藩下官兵父子兄弟宗族分离为借口，让其他人都随尚可喜回辽东，在广东只留下清朝八旗军队。

听完大臣的讨论后，康熙皇帝说道："就这样办吧，希望他们能尽快回到辽东去啊。"随后，兵部决定平南王父子迁移后，藩下原有绿旗官兵，仍驻扎广州府，归广东提督管辖，其官员升转亦照各省绿旗官员规则办理。以上各议完全符合康熙的旨意，康熙欣然同意。他随即命令尚可喜率诸子、家口及藩下十五佐领官兵，迁移辽东海城。至于沿途所用钱粮具由户部支给。康熙又特遣两位侍卫专程前往广东宣读谕旨，并对尚可喜进行了赏赐。

不到一日，两位侍卫来到广东，尚可喜恭敬地说："不知道皇帝是否批准我回乡养老啊。"当宣读完圣旨后，尚可喜心头一凉。原来，尚可喜想的是要个人引退而把藩地和王爵留给长子尚之信的，但是康熙皇帝不但同意了他的请求，还把他的藩王给撤了。这些都是他没有想到的。藩王一撤，尚可喜的军权被剥夺了，藩王的根基被拔掉了，愿望统统成了泡影。但事已至此，尚可喜也无可奈何。

尚可喜归老辽东和康熙撤藩的决定迅速地在朝廷内外传开，吴三桂和耿精忠得到这个消息后，惶惶不可终日。原来，这三个藩王早就联合在一起了，这次尚可喜先提出回辽东就是他们想试探一下年幼的康熙皇帝，谁知道事情还成真了。他俩从来也没有像尚可喜那样萌发过功成引退的想法。

然而，严酷的问题已摆在他们面前，要不要像尚可喜那样上疏自请撤藩？清廷是不会允许两藩继续存在的，若不自请撤藩，待清廷逼令撤藩，自己反而会陷于被动；如自请撤藩，一旦清廷同意，权力丧尽，这又非所自愿。最后，靖南王耿精忠只好走一步看一步，先上疏奏请撤藩。

吴三桂的儿子吴应熊在得悉平南王尚可喜上书请解职东归时，早就派人送信告诉他的父亲，现在又获悉耿精忠自请撤藩，赶忙写了一封信给吴三桂："现在看来康熙皇帝真的要对付我们了，别看现在的皇帝年纪很小，但是很有心机，再加上孝庄太皇太后和明珠等一帮谋臣，我们要慎重对待了。是否要上书请求回辽东，请父亲马上决定了。"

当吴三桂收到信时，也很难决定。他斟酌再三，自恃是云贵边防的"长城"，势力强大，估计清廷还不敢动他。于是，吴三桂在谋士的帮助下，还是像其他两位藩王一样上书请求回辽东。

在紫禁城里，这时的康熙比智擒鳌拜那时候长了几岁，看起来更加像一个有作为的君主了。这时候，贴身侍卫回报说有南方来的奏折。康熙眼前一亮，说："好啊，终于来了，快快传明珠等人进见。"不一会儿，康熙皇帝小小的书房内聚集了很多人，掀起了一场激烈的讨论。

以图海为代表的多数大臣认为不宜立即撤藩，唯户部尚书米思翰、兵部尚书明珠、刑部尚书莫洛以及苏拜及塞克德等少数大臣则认为既然南方已经安定了，就应该立即撤藩。这时大家的目光就集中到了康熙皇帝的身上。

吴三桂

其实，康熙早有撤藩打算，便开口说道："各位大臣不要忧虑，你们的心我都清楚，都是为了大清好。但是三藩每年都要消耗朝廷很多钱财，而且他们也有尾大不掉之势。我决定了，同意吴三桂他们的请求，立即撤藩。"康熙说完这些话，长长地出了口气，他知道这个决定是很难下的，要面临很大的困难。

很快，朝廷同意撤藩的消息传到了吴三桂的耳朵里，一听到这个命令，吴三桂愕然气阻，顿时瘫软下来，呆若木鸡。他自恃凭着自己的汗马功劳和强大的军事实力，只要自请撤藩的奏疏一上，摆出一副忠于清廷、并无异志的样子，就可以消释清廷对自己的疑虑，取得康熙的信任，让他永镇云贵，世袭藩封。他没有料到，康熙竟同意他的请求，结果弄假成真。

吴三桂在极度悲愤和慌乱中慢慢地缓过神来，他深感自己必须作出应对：既已处在生死攸关的时刻，要么顺从康熙意旨，撤藩安插；要么抗旨谋反，孤注一掷。他明白，军权与军队是他拥有权位、荣誉和财富的支柱。撤藩意味着解除他的兵权，剥夺了他为之苦苦经营的云贵这块藩地上的一切。他更怕一旦权力全失，他就只得顺从清廷摆布，前途难以预料。这条路是吴三桂万万不愿走的。举兵反叛虽有顾虑，但是他的党羽遍布各省，而且清朝的开国老将大都先后去世，康熙年轻，乳臭未干，本不足虑。他的儿子吴应熊在北京也可以作为内应。他愈想愈觉得自操必胜之券，于是选择了谋反的道路。吴三桂明里装作听命于诏旨，暗地里开始笼络周围有实权的人，云南巡抚朱国治是他网罗的重点。

一天，吴三桂邀请朱国治来欣赏他的武器库。主要目的还是为了显示自己的实力，拉拢朱国治。朱国治早就知道吴三桂的狼子野心，接到吴三桂的邀请后，已把生死置之度外，心想："不如去吴三桂那里，把他羞辱一顿，虽死而无憾了！"所以，他立刻前往，去参观武器库。

吴三桂的武器库里，兵器十分精良，还有许多他勾结沙俄偷购的火枪火药。吴三桂哈哈大笑，得意地说："这些兵器，每一件都有来历。小王储存多年，也只是念旧之意。"朱国治说："原来是这样。王爷当年东扫西荡，南征北战，立下汗马功劳。这些兵器，都是当年上阵用过的?"吴三桂微笑说："正是这样。小王一生经历数百战，出生入死，这个王位，那是拼命拼来的。"朱国治假装点点头，说："当年王爷镇守山海关，不知用的是哪一件兵器? 立的是哪一件大功?"

吴三桂一下子就变了脸色。他当年镇守山海关，是和满洲人打仗，立的功劳越大，杀的满洲人就越多。朱国治问他这一句话，显然是讥讽他做了汉奸。一时之间，吴三桂的双手微微发抖，忍不住便要发作。朱国治又说："听说明朝的永历皇帝，被王爷从云南一直追到缅甸，终于被捉到，被王爷用弓弦绞死……"说完，他指着墙上的一张长弓问道："不知道用的是不是这张弓?"吴三桂当年害死明朝永历皇帝，是为了向清朝表明，自己效忠清朝，绝无二心。

但是，自己杀了明朝皇帝，在他的内心里，还是很内疚的，并深以为耻。这件事，在王府里谁也不敢提起，没想到朱国治竟当面揭了他的疮疤。他恼羞成怒，厉声说道："你今天一再出言讽刺，是什么意思?"朱国治装作什么也不知道的样子说："没有啊! 小将怎么敢讥刺王爷? 只是，小将曾听说，王爷绞死永历皇帝，是亲自下的手。弓弦吱吱吱地绞紧，永历皇帝唉唉唉地呻吟，王爷就哈哈大笑。很好，很好，王爷真是忠心得很哪!"吴三桂再也忍不住，霍地站起来，大声说： "来人，把他给我抓起来，拖下去!"朱国治仰天大笑，说："吴三桂，你欺世盗名，时日已经不多了!"吴三桂气得大喊："拖下去! 拖下去!"朱国治被拖走了，吴三桂暴跳如雷，打折了一张桌子。

康熙二十年（1673 年）十一月二十一日，吴三桂集合部下官兵，扣留了朝廷使臣折尔肯、傅达礼。他自称"天下都招讨兵马大元帅"，打出"反清复明"的旗号叛清。为了稳定军心，他当众杀害了拒绝从叛的云南巡抚朱国治等。临刑前，朱国治仰天大笑。吴三桂冷笑着说："朱国治，我已经决定带领义师，杀回燕京，保扶三太子复位，玄烨的日子不多了!""吴三桂，你这奸贼!"朱国治气得破口大骂，"你逆天行事，欺世盗名，是猪狗不如的衣冠禽兽！"吴三桂气急败坏地喊道："杀掉他！"

吴三桂慢慢坐回中军主帅的大椅中，恼怒、沮丧、困惑、疲倦一起袭上心头。三声大炮掠空而过，号角手把长长的号角高高仰起——"呜呜——"一阵悲凉鸣叫，空旷的群山回音袅袅。惨白的阳光下，冉冉升起一面明代黄龙旗，上面绣着"皇周天下都招讨兵马大元帅吴"十三个大字，在凛冽的寒风中瑟瑟舞动。

操演场上，数万名士兵全穿上白衣白甲，把辫子散了，照着明代发式挽在头顶。可是，他们前额上剃过的头发却一时长不出来，有的发青，有的溜白，有的乱蓬蓬，略显得有些滑稽。

吴三桂走出殿堂，登上校台，亲自检阅了三军仪仗。三声炮响后，朱国治那颗血淋淋的人头滚落在了潮湿的草地上。这边，司仪官——吴三桂的女婿夏相国又高声赞礼说："诸位将士，请静听大元帅讨清檄文！"吴三桂忙清了清嗓子，双手捧着檄文登上校台，大声读道："为了替明代皇帝报仇，我决定发兵讨伐，赶走鞑子……"吴三桂的檄文是欺世盗名、充满谎言的伪作。

当初，把清兵带进中原的是他，最后杀死明代永历皇帝的也是他。所以，檄文的内容，根本是无法自圆其说的。吴三桂过去的所作所为，人们是不会忘记的。年幼的康熙皇帝将要再面临一次危机。

▶ 两兵交战

吴三桂起兵时，由于当时交通不便，这个消息没能及时准确地传到北京。幸亏，户部员外郎萨穆哈、户部郎中党务礼正在贵州，他们得知吴三桂叛变的消息后，偷了两匹快马，躲过叛军的耳目，逃出贵州，没日没夜地奔驰了十二天，赶回北京向康熙皇帝报告了有关叛乱的真实消息。

康熙皇帝立刻在上书房接见了他们。党务礼和萨穆哈已经完全不能走路，由四个小侍卫扶着，脚不沾地地被换进了上书房。他们两个人都穿着粗布衣服，帽子破烂，棉衣都烂开了花。萨穆哈一只鞋没了底子，脚后跟冻裂得像小孩的嘴，正向外渗血。

"你们受苦了！"康熙皇帝怜惜地瞧着两个乞丐似的大臣，说道："不用慌张，已经到家了，有话慢慢说。"

两个人拼命赶了十二个日夜，躲过了无数次危险，呆得发直的眼睛此时才有了点活气。听了康熙温暖的抚慰，再也忍不住，竟呜的一声痛哭起来："万岁……吴三桂反……反了！"

党务礼哭着从怀里抽出一卷文书，抖着双手捧给康熙。意料中的事终于被证实了！康熙默默地接过文书，一件件翻看。因受汗浸，文书已经被揉得破烂不堪——除了吴三桂的檄文，还有一些各地叛清地方官的告示。看完了文书，康熙尽量按捺住激动的心情，他摆摆手说："扶两位将军下去好好休息休息……"

二人下去后，康熙立即叫来侍从，传旨召开御前会议商讨对策。他当即做出平叛的布置，下令首先停撤平南、靖南二藩，目的是拆散吴三桂与耿精忠、尚之信的联盟。同时，又派出一批得力干将奔赴前线，剿灭叛军。

誓师讨伐大会上，千万名铁甲御林军见皇帝气宇轩昂地从门楼上走出，山呼海啸般地大叫："万岁，万万岁！"接着战鼓咚咚，号角呜咽，步旗兵换着方位，随着主帅手中的红旗进退演阵。大风卷起滚滚黄尘，龙旗迎风招展，猎猎作响。士兵们个个精神抖擞，整齐划一，非常壮观。在这一刹那间，康熙觉得自己无比高大，豪情满怀。

在康熙与吴三桂的交战中，虽然康熙之前也有一些准备，但是康熙没有想到吴三桂的实力有那么雄厚，其部下遍布全国的主要城市，而且士兵经过长期训练，战斗力很强。

刚开始的时候，吴三桂可以说是顺风顺水，很快就占领了南部中国的大部分地区。康熙还是年幼，有些手脚慌乱。一日，大臣图海进见皇帝，康熙看见图海来了心里很高兴，对他说："今天你陪我出去吧，看看外面百姓对这个三藩叛贼有什么说法。"图海早就明白皇帝的心思，回答道："喳，奴才遵命。"二人出宫闲逛，恰巧就碰到了日后平定三藩的功臣——周培公。

说起这个周培公，他是个穷书生，自幼饱读诗书，精通兵法。他曾得到康熙的恩师伍次友先生的指点，伍先生写了一封信推荐他进京参加会试，周培公认为，自己应该凭着真才实学去考试，就没把推荐信拿出来。在考试中，他因有一个字忘记避讳皇帝玄烨的名字，又没有钱打点考官而名落孙山。

这一天，周培公已身无分文，他在大街上走着走着，不知不觉来到了"湘鄂会馆"，听房中有许多女人在吟诗作词，就走了进去。人们见他一副寒酸模样，起初都没在意。可是对了几首诗后，大家都被他的才华所折服，最后再也没有人能对上他的诗，只有听他一个人吟诵了。

这天恰巧是端午节，康熙在大臣图海的陪同下，微服出来看街景。康熙十分喜爱诗词，这时的他也挤在人群中，不禁为周培公的才情和胸怀所感动，便悄悄走过去，拿起周培公写的诗稿翻看，只见前头是诗词，后面有一些曲曲折折的图画，不知是什么。图海眼睛一亮，悄声说："主上，此人懂兵法，这是地图。"康熙听了心中一惊。突然，一张纸从诗稿中滑落出来，康熙捡起一看，发现是一封信，那熟悉的笔迹正是伍先生的。康熙看了，手不禁有些颤抖，此人揣着帝师的推荐信，穷已至此，也不肯投靠他人。这份骨气，真是个君子！于是康熙朗声上前道："先生才高八斗，诗压群英，真令人仰慕！"

周培公见是一位英俊的少年，就苦笑着说："现在天下处在多事之秋，正是英雄豪杰建功立业的时候，而我却拿几首酸诗换饭吃，有什么值得仰慕的。"

成长关键词

果敢 开明 爱民

康熙故意试探他说："当今天下太平，四海归心，怎么说是多事之秋呢？"周培公道："现在北有罗刹国掠地烧杀，西有噶尔丹擅自称王，南有三藩离心离德，东有台湾孤岛自居。而且三藩不久必将北上叛乱。"周培公看看四下惊讶万分望着他的人们，更加自信地说："但我认为，叛军乃骄兵，心思不齐，如朝廷调度适当，他们最多与朝廷划江而治。"

"先生既然存这样的远见卓识，何不为国家出力呢？"康熙追问道。"唉，我本是来参加会试的，可忘了避讳，就……"康熙一笑，说："那只是小事，朕今日钦点你进上书房如何？"周培公一惊，才知面前站的正是当今皇上。就这样，周培公破格进入上书房，成为康熙的得力大臣。

自从有了周培公，康熙遇到问题就和他讨论，周培公出了很多好主意。其中最主要的就是帮助康熙解决了兵源的问题。在朝廷与吴三桂的战事中，开始时双方有胜有败。正如周培公所料一样，吴三桂从云南源源不断调兵，但因内部指挥不灵，打到湖南就停止不前了。

而朝廷的兵力、钱粮不足，也无法进攻。双方在长江两岸对峙。这天，康熙与大臣们商量，准备亲征。这时，侍卫送上一封从西北来的信，"太好了！肯定是尼布尔来援兵了！"康熙边拆信边笑道，"朕就带着这三千铁骑，亲临江南……"说到这儿，他突然停住了，拿信的手也抖了起来，一下跌坐在龙椅上，"察哈尔王叛变了，他乘我京师空虚，带领一万骑兵前来偷袭！"

几个大臣一听，也都像挨了一记闷棍，因为此时，北京已成空城，这么大的变故，却没有兵力应付，这可怎么办？"万岁，臣有一计！"周培公突然叩头。"快快讲来！""请万岁降一道旨，"周培公镇定地说，"将在北京的王公、贝勒等旗主的家奴全都征来，立时可得精兵三万，由图海统领，臣来辅佐，半月之内，必能平定叛乱。"图海听见心中大喜，忙叩头道："臣愿立军令状！"

康熙振奋起来，说："我晋封图海为抚远大将军，周培公为抚远将军参议，赐尚方宝剑一把，命你二人立即去调兵。"

三日后，家奴举行阅兵，康熙亲自来观看。这些家奴本来都是勇敢善战的，只是在北京休养久了，又自恃有主人的势力，起初歪歪倒倒地不听周培公指挥。只见周培公一改往日和善的模样，手握天子剑，威风凛凛地站在阅兵台上，大声说："今日我奉皇上之命征用你们，这正是你们为国家效力、为皇上分忧之时，如不听令，立斩不饶！"说罢，命士卒拖出三个不听令的家奴，当众砍了头。

校军场内立刻一片肃静，周培公又说："我也知道你们都是家奴出身。如果拼死打好了这一仗，我保你们半世富贵，还可以摆脱家奴的身份！"军营内一片欢呼，刚才杀人后的紧张气氛一下子活跃了起来，军心大振。很快，周培公和图海就平定了叛乱，顺势开始南下与吴三桂交战。

成长关键词 → 果敢 开明 爱民

▶ 大获全胜

自从康熙有了周培公和图海率领的主力军，与吴三桂的战争形势就变了，吴三桂开始节节败退，很快就要支持不住了。康熙皇帝下令继续加强正面攻势，同时派兵绕道湖南南部，深入广西，袭击叛军后方。经过这样的安排，战场上的形势开始转变，清军越战越勇，越打越强。

吴三桂的力量渐渐削弱，处境十分孤立。即将覆灭的吴三桂，牙齿掉了一半多，走路也摇摇晃晃要人搀扶了。可是，他还不死心，还要过一过做皇帝的瘾。

康熙十七年（1678年）春天，吴三桂终于扯下了"反清复明"的遮羞布，公然在衡州自称"大周皇帝"，改元昭武，并大封伪官伪将。由于时间仓促，吴三桂连殿瓦也来不及换，就刷了黄漆，又搭了几百间芦舍算是朝房。

3月15日那天，是吴三桂"登基"的日子。开始，天气十分晴朗，万里无云。不料，吴三桂刚坐上"龙位"，忽然一阵狂风吹来，转眼满天乌云，接着，就哗哗地下起了倾盆大雨。只见"朝房"都被风连根儿拔起卷上了天，瓦上的黄漆也被冲刷掉了。吴三桂心里又急又气，懊恼地想：称帝这天怎么这么不吉祥，难道是老天有意亡我？这时，他的先锋官又带来了军队在战场上被清军打得大败的消息。吴三桂听了，又气又惊，一口气上不来，突然中风晕倒了。

从此，吴三桂就病倒了，再也爬不起来了。他饭也吃不下，水也喝不进，还发烧说胡话。一会儿说："父亲救我！"一会儿说："皇上饶命！"一会儿又一惊一乍地喊着："永历帝来了，崇祯帝来了……"太医说他得了噎膈症，没有办法治了。又过了几天，吴三桂连嘴也张不开了，还并发痢疾，一天十几次把屎拉在裤裆里，成了臭不可闻的人。8月17日，吴三桂终于一命呜呼，结束了丑恶的一生。吴三桂死后，他的孙子吴世璠继续在云南称帝，拒不投降。

康熙二十年（1681年）十一月，清军分三路进攻云南昆明，吴世璠畏罪自杀。一场历时八年之久的三藩之乱终于结束了。在平定三藩的战役中，康熙皇帝表现出了卓越的军事才能。他最终平定了叛乱势力，统一了南方。

第二章
平定三藩

名人名言·自强

1. 不为穷变节，不为贱移志。

　　　　　　　　——〔汉〕桓　宽

2. 丈夫之志，能屈能伸。

　　　　　　　　——〔清〕程允升

3. 自强像荣誉一样，是一个无滩的岛屿。

　　　　　　　　——［法］拿破仑

4. 人类要在竞争中生存，便要奋斗。

　　　　　　　　——孙中山

5. 丈夫志四海，万里犹比邻。

　　　　　　　　——〔三国〕曹　植

6. 立志不坚，终不济事。

　　　　　　　　——〔南宋〕朱　熹

7. 有志诚可乐，及时宜自强。

　　　　　　　　——〔北宋〕欧阳修

8. 你必须在额上流汗，以资获得你的面包。

　　　　　　　　——［俄］列夫·托尔斯泰

9. 男儿千年志，吾生未有涯。

　　　　　　　　——〔南宋〕文天祥

10. 不经风雨，长不成大树；不受百炼，难以成钢。

　　　　　　　　——雷　锋

第三章

KANG XI

仁政爱民

水则载舟，水则覆舟。

——〔战国〕荀　子

▶ 治理黄河

吴三桂一死，三藩之乱基本平息。连日来，南方的捷报像雪片儿一样飞来，康熙心中十分畅快，精神也非常振奋，大冷天只穿了一件薄棉袍，就来召见众大臣。

大臣们见康熙进来，连忙跪下请安。康熙满面春风地说："众爱卿平身。朕今日要犒赏你们——当初京师有假朱三太子谋反，南方有三藩叛乱，多亏有你们辅佐，才解了朕的内忧外患。"大家听见皇上如此夸奖，赶忙磕头谢恩。这时，一名小太监手托着一个盘子走来，给每位大臣发了一个小黄袋子。袋子沉甸甸的，还沙沙有声，不知是什么东西。"这是稻米，"康熙得意地笑道，"是朕亲手种的，朕看这比赐你们金银珠宝要贵得多！"

康熙看看惊讶地望着他的大臣们，继续说："这件事情只有我和皇后知道。我从康熙八年便试种，但是一直没有成功，直到去年秋天终于有了收获，你们知道朕种稻的意思吗？"

有的大臣说："是为了显示皇恩浩荡。"有的说："是期望天下太平。"康熙听了，都摇摇头，站在一边的周培公沉思了一会儿说："臣认为，皇上如此重视农事，还亲自下田劳作，是为了给大臣们以及全国的百姓作出表率。在皇上的亲自试验下，北方也能种出稻米了，那么直隶、山东、河南、山西、陕西等地都可以仿效。如此下去，国库就会充实，民生就会复苏，治理黄河，收复台湾，平定噶尔丹就没有了后顾之忧……"

不等他说完，康熙放声大笑道："周培公了解朕的用心啊！"

　　大臣们走后，康熙一个人来到大殿外，他看着远方，感慨道："我所有的理想都会一步一步实现的！"

　　黄河经常泛滥，给沿岸地区的人民带来了巨大的灾难。康熙皇帝亲政以后，经常为治理黄河的事苦思焦虑。他在宫殿的柱子上写了"河务、漕运、三藩"六个大字，把治理黄河、沟通漕运看得比平定三藩还重要。吴三桂叛乱结束后，治理黄河就成了康熙心中的头等大事。

康熙治理黄河

　　康熙十五年（1676 年）十月，黄河在河南淮阳决口。一望无际的河面上，凄风把大雨扫来扫去，搅成团团水雾，狠狠地抛向狂浪滔天的浊流，发出闷雷一样的河啸。河南淮阳地处黄、淮、运三河交界处。自立秋以来，淮水上游决口二十六七处，中游决口七处。洪水淹没了方圆几百里范围内的田地，成千上万户的老百姓无家可归。消息传到北京，康熙皇帝赶紧派人去察看灾情，准备根据黄河两岸的实际情况，采取有效的治理措施。为了更好地了解情况，康熙亲自到河南开封视察河工，为了节省、不扰民，他一路微服出行，只带了上书房大臣熊赐履和几名精干的御前侍卫。康熙骑在马上，遥看滔滔河水，问："黄河在历史上决过多少次堤，改过多少次道？"

　　熊赐履答道："大约十几年就要改道一次，决堤几乎每年冬天都有。"康熙感慨地说："朕在位期间，假使别的事都做得很平庸，只治好了这条河，也是功在千秋啊！"

　　走着走着，康熙又叹息道："朕即位以来，已换了四任河督，可没有一个成功的。"熊赐履忙安慰道："人才还怕没有吗？

只是懂治河的人不一定会八股策论。"

"所以朕不能只重视科举，明天就下一道旨，要各省的官员密访人才，不只限于治河，凡是懂得天文、地理、数学、历法、机械，有一技之长的都可推荐来做官。"

正说话间，忽听一声大喊："你们几个阔公子不要命了？要看风景到河边镇上去！""你是什么人？"一名侍卫不满地问。"我是河伯陈潢！"只见一个又黑又瘦的人站在大堤上，正伸着手臂，好像在测风力、风向，"桃花汛一个时辰就到，这里顷刻间就会变成一片汪洋！"原来此人叫陈潢，自幼喜欢钻研，精通治河之道。康熙不怒反喜，说："难道你的命不是命？我愿舍命陪君子！""我要测量水位，此刻千金难买，你们几位还是先到镇上去吧。"

康熙在侍卫们的一再劝说下，来到了镇上的一家小店。果然，不一会儿，闷雷一样的河水滚滚而来。店主慌慌张张地说："老爷们，快走，河坝全垮了！"这时，陈潢也来了，说："不用怕，水到不了这里！"康熙拉住陈潢，请他细细讲解。

陈潢说："此时水中有六成泥沙，这里的河滩宽一百一十丈，水上河滩后，流势减缓，泥沙淤积，说不定还能积起一道长堤，这可给皇上省了几十万两银子。"果然，头汛过后，大水没有进入小镇，河附近涌出一条天然沙堤。康熙激动地拉着陈潢，为找到了一位治水的贤才而高兴。

第二年，根据大臣们的推荐，康熙皇帝派武英殿学士靳辅任河道总督。靳辅临上任前，康熙皇帝召见了他。靳辅是个精干的官员，他自幼酷爱水利，康熙十年受任巡抚，当时正逢黄河改道，洪水贯穿安徽全境。靳辅采用了自己掌握的治水方法，很见成效，因此被推荐做了河督。

可靳辅心中十分不安，因为历来的地方官都不敢担任河督一职，河督的责任大，又很难干出成绩。康熙看着紧张得有些发抖的靳辅，笑着说："别慌，朕知道你的才能，朕再推荐一个叫陈潢的给你做帮手。"一听陈潢，靳辅立马打起了精神，说："臣以前就认识他了。这次治河，我们已商量了计划。""太好了，快说说你的打算！"康熙也很高兴。靳辅急忙拿出一张图纸说："臣计划分两步，第一先将现有决堤都堵上，使黄河改道，这项工程是要清泥沙，筑大堤，使黄河的入海之路畅通，就不会再泛滥了。"说到这儿，靳辅抬头看看康熙，见康熙毫无倦意、目光炯炯地看着地图，又继续说，"第二步，在河南一带开一条中河，避开那一段激流，海船就可以安全航行了。"靳辅边说边在图上给康熙一一指出需建大工程的地方，康熙边听边点头，直到他说完。

康熙手抚额头，沉思良久问："第一步工程完成，漕运就可畅通了，不知需要多长时间？""回万岁，十年。""十年不行，七年如何？""臣尽力而为！""好！那钱呢？""每年四百万两。""国家每年收入才两千五百万两，现在尚在用兵，我要你七年治好漕运，就是急于进兵台湾，要以运河运送战舰水兵，运送粮食而已。噶尔丹在西北、罗刹国在东北扰乱，也要进兵，需要钱粮，一年四百万可拿不出来啊！"康熙又沉吟了一下说："这样吧，今年就拨给你二百五十万两。以后再增至三百到三百五十万两，如何？"靳辅被康熙皇帝细致的思想和远大的志向感动，深深地点了点头。康熙畅快地舒了口气，拍拍靳辅的肩膀道："大胆去干吧，有朕为你做后盾！"

靳辅到任以后，立刻把陈潢找来，向他请教治河的诀窍。陈潢说："治理洪水，不同地段的河道要用不同的措施。但治河的一般性措施无非是因势利导。""噢，怎么讲？""就是在巩固堤防的同时，疏通河道，使水能在河道内畅通无阻，这样既不会冲决堤防，又会有漕运之利了。"靳辅听陈潢说得有道理，非常高兴，立刻和他一起去勘察河道。

他们在黄河沿岸进行了三个月的勘察工作，来回走了几百里路。又仔细翻阅了文献典籍中有关治河的记载。经过一番周密的研究，终于制定了一套治河的具体方案。他们把这方案上报朝廷，请求康熙皇帝批准施行。康熙皇帝看了方案以后，立即予以批准，并且下令说："速从黄河流经各省调大批工匠、夫役到工地去，并把治河所需要的工具、材料运往工地，以保证治河工程能顺利进行。"

就这样，在康熙皇帝的支持下，靳辅和陈潢开始了漫长的治理黄河的工程，这一工程一干就是十几年。康熙在平定三藩后，大力治理黄河，给百姓们带来了丰收，使百姓们过上了安居乐业的生活。

康熙二十三年（1684年）秋，康熙帝进行了第一次南巡。这时候，靳辅与陈潢已经治理黄河八年了，完成了预定计划的一半。康熙帝到达河南淮阳清河县后，脱去皇袍，改扮成普通百姓，带领两个随从出去视察。他先向百姓打听靳辅和陈潢的治河情况。

有一个小贩停下板车，笑着说："客官，你们是外地人吧，竟然不知道靳大人和陈大人。"

"噢，略有耳闻。""这就对了。"那个小贩接着说，"靳大人和陈大人人可好了呢。以前那些大官来治河，河没治怎么样，先把治河的银子吞到自己腰包了。真正需要花钱的时候倒无钱可花了，只好眼睁睁地看着有些地段的工程半途而废。"

"你怎么知道的这么清楚？"

"唉，客官，您不知道，每年黄河汛期，我们都要放下手里的活，去黄河沿岸做工。以前那些贪官，把我们一个月的二两银子还要榨一两去。他们为了榨更多的钱，有时还偷工减料。"

"噢，竟有这种事？"

"现在好了，自从靳大人和陈大人来了以后，他们见我们做河工辛苦，总在水里泡着，就每月多给我们一两银子，我们能赚三两银子呢。"

听到夸奖靳辅和陈潢，康熙的周围早围了一堆老百姓。他们七嘴八舌地说起来。一个农民模样的人说:"靳大人和陈大人为官清廉,他们从不克扣公饷。"

"是呀,"另一个人插嘴说,"别的官治河,几年就能发大财,靳大人和陈大人辛辛苦苦治河八年,换洗衣服就那几套,还全打了补丁。"

"他们天天在工地上,饿了就吃一口冷馍,渴了就喝井水,可清苦了。"一个老太太流着泪说,"这几年,黄河没发大水。老百姓都说,靳大人和陈大人是龙王转世,能治水而不贪财,是来救我们的。"听了老百姓的话,康熙皇帝很感动,也流下了眼泪。

当晚,康熙皇帝宴请了靳辅和陈潢,对他们说:"你们再接再厉,快把黄河治好。回京以后,朕一定要好好奖励你们。"靳辅说:"回皇上,臣不大懂治河,全是臣手下陈潢的功劳。"康熙满意地说:"功大而不居功,这很好。知道举荐人才,乃是国家的贤臣啊!"他又转向陈潢说,"朕早就听说了你的才干,你治河立了大功,朕授你佥事道的官衔,你努力吧。"

康熙帝走了以后,靳辅和陈潢更加努力了。他们白天测量工程,夜间绘图、制表、核算,绞尽了脑汁,跑断了腿。可是,就在靳辅、陈潢完成一半治河工程,受到康熙皇帝的嘉奖以后,他们的厄运跟着来了。大臣于成龙等人,对靳辅所获得的荣誉眼红了。他们忽然向康熙皇帝提出了开下河,即疏通黄河入海口的主张,并且否定了靳辅、陈潢的治河成绩,说他们的治河办法是错误的。

其实,于成龙疏通入海口的方法才是错误的。靳辅、陈潢听到于成龙等人的错误主张后,据理力争:"如果疏通入海口,会导致河堤再一次崩溃,是万万行不通的。"于成龙为了争取辩论胜利,到处拉拢人。有些人对靳辅、陈潢治河取得初步成功很妒忌,也在皇帝面前说靳辅、陈潢的坏话。康熙皇帝说:"朕到过工地,亲眼见到了他们治河的成果,这个方法很好啊。"

可是，御前会议上还是一片反对靳辅、陈潢的声音。有人还说："皇上，靳辅、陈潢治了八年水，才治成这样子。如果让于大人按他的方法治，黄河很快就清了。"康熙见大臣们大力保举于成龙，就相信了他。于是，撤了靳辅和陈潢的职，派于成龙去治水。

康熙二十八年（1689年），康熙皇帝为了欣赏江南风景，并且顺便视察于成龙治河的情况，开始第二次南巡。到达治河工地以后，康熙帝发现于成龙仍在采用靳辅的方法治河，并没有深挖黄海入海口，不免有些奇怪，就责问于成龙："你过去说靳辅的治河方法不对，不应该疏通河道而应该去深挖入海口，你现在又为什么照他的方法去做呢？"于成龙红着脸说："臣当年无知瞎说，等到了实地以后，才发现前任河道总督治河的方法是对的，所以就沿用了他们的方法，请陛下饶恕臣无知的罪过！"康熙皇帝生气地说："小人误我！我听信谗言，把贤能关进监狱而重用小人，算什么明察秋毫！"

于是，康熙帝撤了于成龙的职，依旧叫靳辅任河道总督。他惭愧地对靳辅说："朕对不起你，让你受苦了。今天，朕还你清白，你还是和陈潢一起去治水吧。"经过五年的牢狱之灾，靳辅更老了，他的牙几乎全掉光了，头发全白了。听到康熙谈起陈潢，他泣不成声地说："皇……皇上，陈潢已经死在监狱里了。""啊……"康熙呆住了。两行老泪从靳辅昏花的眼中流了出来。康熙的心也是一阵刺痛，他喃喃地说："朕……铸成了大错，造了大罪啊！""回皇上，"一个大臣说，"陈潢临死前，留下了一部他写的《河防述要》。""呈上来！"康熙皇帝急切地说。一卷烂得像破布似的纸呈了上来。康熙小心地翻开第一页，一眼就看见了一行行工整清秀的楷书，这是陈潢的毕生心血啊！"来人，快快把这本书刊刻出来。原稿留在宫中，永与大清同在！"康熙帝大声说道。

几天以后，年已花甲的靳辅只身赴任去了。他来到黄河边，只见岸边已跪满了黑压压的百姓。

"大人回来了，大人回来了！"百姓们惊喜而亲热地望着靳辅。靳辅的泪，又流了下来。他走到河岸边，双手掬起一捧水来，虽不是一点泥沙没有，但手上的指纹都清晰可见，好似刚淘过不久的井水，微浊而已。这是用他和陈潢的方法治理的黄河啊……黄河的水清了！由于年老体弱，加上劳累，靳辅重新踏上治河工地只工作了半年左右，就在任期内去世了。

康熙知道后，心中比刀剜还难受，流泪说道："靳辅、陈潢为国立了大功，竟未享过一日福。"他怀着对靳辅、陈潢的愧疚之情，重赏了他们的后人，并授予了他们官职。

▶ 招贤纳士

为了进一步笼络汉族士大夫，争取民族团结，康熙制定了许多制度，不拘形式招纳汉族杰出的读书人。其中，设立南书房是一个非常重要的措施。南书房是国家的一个机构，专门招揽汉族杰出的读书人协助皇帝工作。

康熙十年，为了加强中央集权，广纳人才，康熙皇帝又重新开设了南书房。南书房为康熙皇帝招纳了一大批杰出的人才。他的许多英明政策，都是在南书房和谋臣们商量制定的。其中最著名的人物有：高士奇、沈荃、王鸿绪、张英等。

高士奇，字澹人，浙江钱塘人。年轻的时候，由于家境贫寒，高士奇只能步行到北京。乡试落榜后，他在大街上摆了一个小摊，靠写春联、往扇子上写诗卖钱。

有一天，大学士明珠发现管家扇子上的字写得很漂亮，就随便地问了一句："你这个扇子是在哪儿买的呀？"管家毕恭毕敬地说："回老爷，这个扇子是奴才在街上一个小摊上买的。这字也是那个摊主写的。""噢?"明珠很惊讶，他没有想到，一个市井中人能写出这么好的诗、这么好的字。管家又说："老爷，您不知道，这个摊主是一个落第的秀才，叫高士奇，因为他的字和诗写得都好，所以他的生意可好了。"明珠很感兴趣地说："明天，你把高士奇叫来，我要见见他。"

第二天，明珠公务繁忙，早把这个事给忘了。下午，他一进书房，就看见一个面色白皙、风度翩翩的书生站了起来。"明相，您好。在下高士奇，等您多时了。"高士奇鞠了一躬，不卑不亢地说。"啊呀，让你久等了。"明珠一拍脑门，这才想起了这回事。明珠和高士奇谈了一个晚上，他觉得高士奇才智过人，幽默风趣，应该很对康熙的胃口。

于是，第二天，他就把高士奇推荐给康熙了。康熙接见了高士奇，也十分喜欢高士奇敏捷的才智。于是，当即下旨，把高士奇选入南书房。高士奇学问十分渊博，他赋诗作画，弹琴下棋，没有不精通的。而且，他脑子灵活，反应很快，语言幽默，给康熙皇帝带来了许多乐趣。很快，高士奇就成了南书房最重要的谋臣。无论是出巡、打猎还是游览，康熙皇帝都要带上高士奇。

有一天，康熙皇帝兴致勃勃地去打猎。快到围场的时候，突然，马前腿离地，立了起来。由于事发突然，康熙皇帝手里的缰绳一松，差点儿从马上掉下来。幸亏旁边的侍从眼明手快，一把扶住了康熙皇帝，这才没有摔下来。可是，康熙的帽子摔到泥里去了，他惊出了一身冷汗，样子十分狼狈。康熙觉得很难看，心里不高兴，一直阴沉着脸不说话。高士奇走在康熙皇帝的后面，看见康熙一脸不高兴的样子，就猜到了他的心思。

于是，在队伍休息的时候，高士奇找了个泥坑，故意弄得满身都是泥，走到康熙皇帝的身边。康熙皇帝很奇怪，问他说："濬人，你这是怎么了？样子这么狼狈?"高士奇假装不好意思地说：
"臣刚才骑马不小心，一下子掉在了水坑里，衣服还没有来得及换
呢。"康熙皇帝听了，哈哈大笑，说："你们汉人怎么这么弱，刚
才朕的马蹶了好几次，朕也没摔下来。"高士奇假装惭愧说：
"是，是，皇上武艺高强，奴才怎么能和您相比呢?"康熙皇帝笑
着说："你快把衣服换了吧，小心感冒了。"

这时，康熙皇帝的心情一下子变好了。他觉得，和高士奇相
比，自己仍然是一个勇武的君主，之前不愉快的感觉，全都没有
了。康熙二十三年（1684 年）九月，康熙皇帝第一次南巡的时
候，也把高士奇带上了。一路上，有高士奇陪伴，登泰山，视察
黄河，考察风土人情，游览名胜古迹，谈笑风生，过得十分愉快。
可见康熙皇帝是十分喜欢高士奇的。

但是，高士奇仅仅是康熙皇帝广纳贤才的第一步。康熙虽然
年幼，可经过这几年的历练，已经成长为一个真正的皇帝。康熙
心里清楚，要想得到汉人的承认，首先就是要收揽大批的人
才，尤其是有名望的大儒。所以，康熙决定举办博学鸿儒科。

原来，康熙皇帝看见国家实力一点点强盛起来，而人才相对
来说却还很缺乏。清初的科举仍然以进士为主，并专以八股文取
士，这对于热衷功名利禄的年轻士子固然合适，但对于像顾炎武、
王夫之这样怀念明朝、拒绝与清朝合作的一代名儒、名节之士却
行不通。所以，康熙皇帝一方面沿袭常规的科举旧制，网罗汉族
士子；另一方面又下诏，通过推荐的方法为朝廷吸纳才士。平定
三藩以后，明朝遗老遗少的复国梦已经成了泡影。针对这种情
况，康熙皇帝考虑到或许会对那些"气节之士"有所触动，便借
机再一次向他们敞开了招纳贤士的大门。

康熙十七年（1678 年）正月，康熙皇帝正式宣布开设博学鸿
儒科。博学科的历史已经很悠久了，唐代开元十九年（731 年）
开办了一次，宋高宗南渡后又开了一次，距清代已经有五百多年

的历史了。博学科原名叫"博学鸿词科"，康熙从中改了一个字，取名"鸿儒科"。这样一来，应试的无论中与不中，便都有了"鸿儒"的身份，这样的身份是十分荣耀的。

康熙十八年（1679 年）三月十九日，举国瞩目的博学鸿儒科终于正式开考了。和参加会试的考生相比，参加"鸿儒科"考试的考生们十分显赫。他们都是各地州府推荐或自荐的硕儒，都很有学问。

这些人都是由各地官府派人护送到京。从水路来的，乘坐的都是豪华的楼船坐舰；从陆路来的，乘坐的都是八人抬的官轿，轮班抬轿的轿夫都骑着高头大马，前呼后拥开道而行。在楼船和官轿的前头，一律插上了"奉旨应试""肃静回避"的杏黄虎头牌，进京时也不住店，都分居于京里的达官显贵人家。

康熙皇帝这么做，本意是为了招纳那些一直不肯与朝廷合作的明代遗留下来的大儒。可是，这些人的风骨却与一般考生不同。应试的总共有一百八十二人，告老的、称病的、规避的竟有四十余人。像顾炎武、傅山等人竟摆出"义不受辱"、死不应试的架势，虽然被用铁链"护送"来京，却躺在古寺里，坚持不肯出来见人。听到这些事后，康熙沉默了许久，半天才说："从这些明朝遗老的举止来看，天下人心还是没能完全归顺啊。"沉默了一会儿，康熙皇帝才慢慢说道："博学鸿儒科的考试一定要办好，朕也知道强拉他们不合人情，但他们已经来了，一定要考，不考也得考。考过的，无论优劣一概给官——最要紧的是叫他们非考不可，你们听到了？""喳！"几个大臣忙叩头回答道。在软硬兼施下，除顾炎武、傅山等几个顽固的遗老外，大部分人都参加了考试。知道这个情况后，康熙无奈地说："放顾炎武他们回去吧，不要伤害他们。不管怎样，他们也是一个忠君的道德榜样，可以净化世人，树立道德样板。"

开考当天，天色刚亮，一百七十九名参加应试的鸿儒便齐集太和门，黑压压地跪了一地。太和殿门口，一批侍卫整齐地排列在两侧，等待康熙皇帝的驾临。一阵景阳钟鸣，天街上传来细细的鼓乐之声。

不一会儿，便看见康熙的銮车从保和殿后缓缓地驶来。銮车一直行驶到太和殿门口才停了下来，司仪太监一声高呼："万岁爷驾到！"立刻一片肃穆寂静。康熙皇帝走下銮车，却不着急进殿，而是在清晨的阳光中舒展了一下身子，深深吸了两口略带寒意的空气。他踱了几下方步，便大踏步进殿，在盘龙雕凤、金碧辉煌的"天下第一座"上端正坐下。只见礼部司官带着一百七十九名鸿儒拾级而上。片刻，礼部司官把人带到大殿口，弯腰行了一个礼，退到了一边。然后，由熊赐履、明珠和索额图三个上书房大臣带领众人鱼贯而入。近两百人在殿中山呼"万岁、万岁、万万岁！"声若洪钟，震得大殿都嗡嗡作响。

接着，大学士熊赐履便上前启奏说："内阁大学士、太子太保熊赐履，赫舍里索额图、纳兰明珠，奉诏率参加博学鸿儒科士人一百七十九名，叩见吾皇万岁！"康熙把手轻轻一抬，索额图忙出班宣读诏书。诏书的大致内容是这样的："我朝自建立以来，崇儒重道，培养人才。四海之内，只要品学兼优、文词卓越的人，无论当没当官，只要由三品以上官员举荐，都可以参加考试……"诏书又写道，"朕将亲自主持考试录用。如果还有没报上来的贤才，可以明年参加，为国尽力。钦此！"

康熙一动不动，用目光扫视着宽阔的大殿。选进的鸿儒们也都趴在地上，静静聆听着圣谕。这道圣谕，从他们被征召之日起，已听过多遍了。但今天，当着这位二十八岁的青年皇帝庄严宣读，更有一种崇高的神圣感。圣谕宣读完了以后，众人齐声叩答："谢万岁隆恩！"

"众卿！"康熙的声音很洪亮，"国家平定了三藩之乱，战争没有了，文运又兴起了。希望你们倡明圣道，各展所学，不辜负朕亲试的一番心意!"康熙帝说完以后,就有司仪官用金盘捧着一张摊开了的黄绢,弯身上前,请皇帝为考试命题。康熙拿起朱笔,在绢上一挥而就。司仪官退下,又把绢捧给明珠。明珠大声宣读说:"御试题目:一、璇玑玉衡赋;二、省耕诗一篇。命索额图、熊赐履、明珠率领各位大学士在体仁阁评卷,午时交卷。钦此!"

明珠读完了以后,司仪太监又宣布说:"午时,皇上在体仁阁赐宴,钦此!"皇上竟然给考生们赐宴,这是历朝考试从来没有的殊遇,是历史上破天荒的第一次。考生们立刻兴奋起来,带着难以形容的心情行礼,依次退下,去答卷了。

午时,考试结束了。体仁阁里摆起了盛大的宴席。鸿儒们都坐得整整齐齐,从南到北两排席面,一共五十张高桌,每张高桌前坐四五个人。高桌上,十二道精致的菜肴都用瓷盘高高堆起,中间四个大海碗里放满苹果、柚子、荔枝和葡萄等鲜果。每一张高桌都有一名礼部派来的司官陪坐侍酒。这样的排场,是历史上从来没有过的。所以,还没有喝酒,这些鸿儒们都已经满面红光,晕乎乎的有点醉意了。

这时候,鸿儒们对这场考试能否取中已不太在乎了。他们想,有了这场赐宴的殊荣,即使不做官,死后写什么祭文、诔表、墓志铭也有了点睛的话语言辞。这比什么都体面,比什么都荣耀啊!随着司仪太监一声高呼:"皇上有旨,不必拘泥于礼节,随时开宴!"众人一齐站起来,拱手仰谢天恩。然后,才诚惶诚恐地夹菜进食。吃到中间的时候,康熙皇帝带着皇太子胤礽和大阿哥胤禔一起进来了。他亲切地招呼大家:"你们不要拘礼,只管吃吧,不要拘束。"然后,他挨桌问候,亲切地和鸿儒们交谈。大家哪里还能再吃?一个个既紧张兴奋又慌乱得心脏扑通直跳。宴会结束后,休息了一日。

第三天是大学士们集体批阅博学鸿儒科试卷的日子。康熙皇帝也和大臣们一样，参加了阅卷。索额图对康熙说："皇上，无锡考生严绳武，是明朝尚书严一鹏的孙子。这次考试，是官府硬逼他来的，可是他只写了一首诗，《璇玑玉衡赋》根本就没作，交了白卷。"

明珠说："严绳武是个大儒，故意脱漏试题不作，实属不敬。"索额图说："他说他眼睛不好，不能写字。我看，根本是不想为朝廷效力。"康熙皇帝看完了严绳武的诗，说道："字写得很好嘛，严绳武文采渊博，朕早就听说了。他不愿做官，是为了祖父，朕觉得他很孝顺，这样的人才朝廷不能没有，把他取中吧。"

一会儿，熊赐履跪下启奏说道："皇上，臣等在阅卷过程中，发现有些诗文中有错。""噢，说来听听。"康熙皇帝一副很感兴趣的样子。"比如说，有的考生在文中说我们大清国是'清夷'，这不是骂大清国是蛮夷吗？"康熙皇帝沉吟了一下，说："大清立国时间不长，汉族士子一时心里转不过来，也是可以理解的。无心的过失，就不必计较了。""是。"熊赐履答道。

这时，大学士李霨过来启奏说："皇上，朱彝尊、施润章等许多著名的诗人都押错了诗韵，还有脱字、漏字的。"明珠说："也许，这些老先生们在考场一紧张，就不容易做好了吧。""你哪里知道他们！"康熙冷笑说，"他们都是名闻天下的当代硕儒！哪里有写不出诗，押错了诗韵的道理？"他站起身来，慢慢地踱着步子，又说："他们本来就不想考，所以就在考卷上用错字、押错韵。朕要是不取中他们，就会让这些天下最出名的人都落了榜，天下人谁会相信是他们的卷子不好？只说朕不能识人！"

他又感叹说："如果朕糊涂地取中了他们，这些鸿儒们又会笑朕没有才学，看不出卷子的毛病——说到用心，他们对朕是刻薄的……"他长叹一声说，"看来，不能只凭一场考试就让这些鸿儒们归顺啊。"明珠听了，恨恨地说："这些考生真是不识抬举！把这些违例、犯讳、押错韵的考生名字记下来，通知各地官府永不录用，终生不许做官！"索额图也说："明珠说得很有道理！"熊赐履却暗暗叹息，心想："如果真是这样，那么这场博学鸿儒科取中的便差不多都不是一流人物了。"

康熙见高士奇在一旁站着不吱声，就问道："澹人，你有什么想法啊？"高士奇说："臣以为应该全部取中，这是没考之前就商定好了的。皇上开始就知道他们不愿考试，生拉硬扯来的，哪里愿意写文章？如果因为笔误而不录用他们，大名士都考不上，与不办博学鸿儒科有什么区别呢？"高士奇见康熙微笑着认真听他讲话，他的胆子更壮了，又眉飞色舞地说，"这些考生名落孙山，皇上却落了个不识才的名声，这确实会浪费人才。所以臣认为，这一百七十九人应该全部授官。即使不愿意做官的，也给他们一个名义，算是退休。"康熙笑着说："你的办法好是好，可是他们难免会暗地里嘲笑朕不懂文章，连错误也没有发现。"高士奇笑道："不会的！皇上命人把每处错误全用红笔标出，再加上改正的批语，发还给本人看。这一百多人，哪一个不会心服口服？"

"好！"康熙精神大振，说道，"这是保护人才的最好方法了！"高士奇说："皇上为国求贤若渴，这是天下百姓的福气啊！"康熙微笑着叹了一口气，说道："但愿他们能理解朕的苦心，放下狭隘的民族之见，真正为国家效力。"因为康熙皇帝的心胸宽大，参加这次考试的所有鸿儒都被取中了。

康熙皇帝从中挑选出特别出色的硕儒，除了授予他们高官外，还把他们聚在一起，让他们编写《明史》。他说："为明朝作传，要实事求是，好的就是好的，值得学习。"他看出了士子们的心思，又对他们说，"你们不要有什么顾忌，只管写出真实的历史吧！"听了康熙皇帝的话，士子们都很感动，心想："真是一个开明的好皇帝！"许多硕儒还后悔在卷子里写了对朝廷不敬的话。于是，他们编写《明史》更加努力了。

博学鸿儒科考试后，康熙皇帝又在全国下令，只要有才，可以随时随地推荐或自荐。所以，有些学者虽然没有参加博学鸿儒科考试，但还是被选中做官了。通过广纳人才，康熙皇帝与汉族士大夫的关系更加密切了。这些人认为遇到了明君，都忠心耿耿地工作，和康熙保持了密切的交往。

他们中的许多人退休回乡后，仍然还和康熙皇帝保持着友好关系。进士尤侗离任回乡后，康熙皇帝很思念他，亲笔为他题写了"鹤栖堂"的匾额，称赞他的为人。尤侗获得殊荣，被乡人尊重，他的族人也认为他为祖先争了光。康熙南巡时，为进士邵远平的书房亲笔御书"蓬观"匾额。邵远平为此很得意，感激皇上的知遇之恩，便自号"蓬观子"，以示不忘皇上的恩情。

▶ 尊孔崇儒

康熙八年（1669 年）四月十五日，在擒拿鳌拜一个月后，康熙皇帝采纳汉官建议，亲自去太学祭祀孔子。他说："孔子有素王之称，是百代帝王的老师。朕应该执学生之礼仪——不，执臣礼，行三跪九叩的大礼！"大臣们听了，都十分惊讶。熊赐履说："据奴才所知，历代帝王朝孔，从来没有行臣礼的。至多是两跪九叩，皇上是否……""这有什么！"康熙站起身，说道，"这是为了江山社稷嘛！孟子不是说'国家为重，君为轻'嘛。"

第二天，康熙在孔子位前，行三跪九叩的大礼。亲自祭奠完毕后，他又到彝伦堂，听司业讲《易经》《书经》等儒家经典。听讲后，他对百官说："孔子说'君子能够修身治国，可不一定受天下人的欢迎。而不在修道方面去努力，只希望得到世人的欢迎，这是不对的'。我们满人统治天下，已经不受汉人欢迎了。只有爱民如子，尊孔崇儒，才有希望消除满汉之间的鸿沟！"他又接着说，"孔圣人讲究仁政、孝道，是很有道理的，值得我们学习。"

后来，康熙皇帝亲自写了《日讲四书解义序》，进一步提高了孔子、孟子的地位和作用。在这篇文章中，他把孔子的治国理论与自己的治国思想联系统一起来，他写道："先王之道，在于仁政。孔子是圣贤，朕是这个理论的倡导者。只有把'仁'的道统与政治统治联系起来，才能实现真正的统治，守业成功！"他又写道，"千百年来，历代成功的君王，都遵循孔子'仁政''合于礼'的理论来治理国家，朕也要这样。"

这次祭拜孔庙取得了很大成功，让许多汉族人士看到了康熙是一个开明、重视文化的皇帝。在鳌拜被灭后，国家一度保持了安定的局面。但是仍有许多明朝的遗老遗少，怎么样得到他们的心是摆在康熙皇帝面前的一个难题。

一日康熙在上书房看书，这时大臣周培公进见，康熙说："朕想笼络明朝的遗老遗少，你说怎么办才好呢？"周培公想了一会儿，说道："臣以为祭拜明陵是个好方法，历朝历代都有这样的先例。"康熙听了周培公的话后，一直筹划着祭奠明朝皇陵和祭拜孔庙的事。康熙二十三年（1684年）十一月，康熙第一次南巡途中，为笼络汉人中有才学的名儒，安定江南民心，他决定直奔明朝建立之都城——南京。

明朝皇帝登基都要到南京孝陵祭祖，但自大清入关以来，很久没有皇帝祭祀的大场面了。所以，听说康熙要祭奠明朝皇陵，南京的百姓倾城而出，特别是前明的老士绅们也都赶来了，要看看康熙是否真心祭拜。康熙在哀乐的伴奏下，缓步走上祭台，在明太祖牌位前供上三炷香，又后退两步，小心地打下马蹄袖，跪了下去，轻叩三下头，接连又是两次——竟行了三跪九叩的大礼！前来观看大礼的前明老士绅们，大多在前明做过事为过官，对满人入关一直耿耿于怀，今日见皇帝不远千里来祭奠明祖陵，又行君臣大礼，无不感动得老泪纵横。

康熙也被眼前的情景触动，颤声宣读了条文，又将一杯清酒洒在灵前。他抬头仰望明孝陵所在的孤零零的山峰和已经零落的城墙，一种孤单凄凉的感觉涌上心头，又想起前几天自己的恩师伍次友先生已经去世，更加感到自己在世间没有朋友，心中十分酸楚，哪里还忍得住，泪水像断了线的珠子般掉了下来。所有随从的大臣，以及前明的士绅老人，看到康熙皇帝如此动情，也都掉下泪来了。

自从康熙皇帝祭奠明孝陵，南方的汉人大为臣服，甚至很多人写了称颂康熙祭拜明孝陵的文章。康熙也十分感慨："教化世人要靠德行，不能靠权力。接下来，我还要去祭拜孔庙，要使那些有才学的汉人都真正臣服我大清，能真心为我所用。"

康熙南巡祭拜明孝陵取得了很大成功，一路北上，来到山东。他决定亲自前往孔庙祭拜。康熙在孔子像前又一次行三跪九叩的大礼，并且御书"万世师表"匾额，悬挂在孔庙大成殿中。康熙看见孔庙有些破旧，对当地官员说："孔子是天下人的老师，要把他的庙重新加以修缮，为天下人树立一个榜样。"

御史任朋见皇帝这么尊师重道，便上奏说："皇上尊孔崇儒，不如赐一篇碑文，建立孔子庙碑。"康熙听了，觉得很有道理。他亲自撰写了碑文，在碑文中，他称赞孔子的道是"天道"，写道："与日月同明，永远闪耀光彩。"他还对孔子表达了仰慕之情："我尊敬圣人，景仰先师，诚心向往您那皎洁的品德和与大海一样深广的智慧。"

康熙尊孔崇儒的至诚态度，使汉族士大夫倍感亲切。康熙皇帝尊孔，不仅限于口头称赞，而且采取了一系列实际行动。康熙八年（1669 年）的一天，他召见大学士熊赐履，对他说："朕打算恢复以八股文取士的旧制，你有什么意见？""什么？"熊赐履简直不敢相信自己的耳朵，他问："皇上，八股文早在康熙二年，您不是宣布废除了吗？还下文说八股文'浮华，没有实际内容'，现在又恢复，不是和原先的诏文相反吗？"

康熙点点头，说："是这样的。八股文是明代流行的科举考试文体，有固定的段落和字数限制，内容还只许围绕《四书》《五经》出题，只许阐发圣人观点，不许有任何个人创见。"顿了一下，他又继续说，"但是，两百多年来，汉族士大夫已经习惯了这种死板、生硬的八股文。突然取消了，他们很不习惯。他们认为，不写八股文，就不是讲圣贤的学问。"熊赐履说："臣也听一些太学生和汉人文官反映，要求恢复八股文。"康熙皇帝感叹说："朕何尝不知八股文有叫人'死读书，读死书'的弊端，但为了笼络才士，驱策英才，也只好迁就汉族士大夫的要求了。"

于是，从康熙七年（1668年）开始，八股文考试又恢复了。康熙知道，儒家思想有利于巩固统治，于是就认真学习，始终坚持不懈。他设立了翰林院，邀请著名的大儒为他定期讲解儒家经书。

有一次，熊赐履给康熙皇帝讲"道千乘之国"一章。康熙听了以后，很满意，他对熊赐履说："朕听你讲经，觉得哲理深奥，很有启发，从即日起，朕任命你为掌院学士，为朕讲经。"康熙学习儒家经典十分认真，由于朝廷政事繁忙，他有时不得不五更起来读书。晚上，还要常常读书到深夜。由于学习太劳累了，他十七八岁时身体一直很弱，有好几次吐的痰中带血。但是，他还是坚持不懈地努力学习。

一天，康熙问熊赐履说："你认为近来朝政怎么样？"熊赐履说："皇上倡导天下要反对奢侈。但是，做事情要求实际才能办好。"

"应该怎么理解这句话才对呢？"

"奢侈的问题到了今天，已经达到了极限。一篇诏文是无法立刻扭转这种弊病的，官吏们也会将它视作空文，不努力地奉行。""那应该怎么办呢？""只有皇上以身作则，身体力行，从皇上到大

55

臣再到地方，形成一种风气，不断倡导，国家才能形成清平俭朴的风气。"康熙皇帝听了，点点头，表示同意："治理国家，首先要使百姓安定。百姓安定了，就不会有盗贼，现在外面的盗贼稍微减少了一些吗？""臣最近听说，盗案反倒增多了。臣认为，这是有原因的。""什么原因？""朝廷用士兵来抓盗贼，而士兵有时就做盗贼；设立官员来消除盗贼带来的隐患，而官员很忌讳抓盗贼。官员不愿意抓盗贼，是因为处分的法律太严厉，一件小的盗窃案就可以判人死刑；士兵做盗贼，是因为他们的月饷太少了，根本不够花。所以消除盗患的方法，就是对捕盗者给予重赏，而对一般的盗贼要量刑惩办，不要太严厉残酷。"

康熙皇帝听了，很有感触地说："你说得很有道理，我一定会这样努力做的。作为一个君主，要让百姓丰衣足食，要给士兵增加月饷，要时刻检查官员的政绩，防止他们偷懒。""皇上爱民如子，如果这样做，盗案一定会减少的。""朕决定以儒家思想教育全国百姓，你为朕拟一道诏命吧。"康熙九年（1670年）十月初九日，康熙颁布了一道诏命，内容大体是这样的："朕认为治理国家的根本方法，不应该以法令为主，而应该把教民作为根本的治国大法。"他又写道："我今天想要效法古代的贤明君主，从即日起：减轻刑罚，推重人伦；崇尚节俭，杜绝奢侈；兴办学校，培养人才；重视农桑，丰衣足食；明白礼节，淳和风俗；训导子女，避免胡作；和睦乡党，平息纷争。"

这条诏命，就是历史上著名的《圣谕十六条》。

一个月后，康熙采纳了礼部的意见，把这个《圣谕十六条》向全国颁布。他命令说："让满族各旗、汉族以及其他民族，都要切实遵行。"这道诏命的颁布，表明了康熙皇帝以儒学治国的决心。康熙皇帝倡导信奉儒家思想，在当时有利于联络广大汉族官民的感情，缓和满汉民族矛盾，进一步加强了统治力量。

名人名言·治学

1. 三人行，必有我师焉。择其善者而从之，其不善者而改之。

　　　　　　　　　　　　　——〔春秋〕孔　子

2. 书犹药也，善读之可以医愚。

　　　　　　　　　　　　　——〔西汉〕刘　向

3. 书到用时方恨少，事非经过不知难。

　　　　　　　　　　　　　——〔南宋〕陆　游

4. 读书百遍，其义自见。

　　　　　　　　　　　　　——〔三国〕陈　寿

5. 发奋识遍天下字，立志读尽人间书。

　　　　　　　　　　　　　——〔北宋〕苏　轼

6. 莫等闲，白了少年头，空悲切。

　　　　　　　　　　　　　——〔南宋〕岳　飞

7. 读书破万卷，下笔如有神。

　　　　　　　　　　　　　——〔唐〕杜　甫

8. 问渠那得清如许，为有源头活水来。

　　　　　　　　　　　　　——〔南宋〕朱　熹

9. 读万卷书，行万里路。

　　　　　　　　　　　　　——〔北宋〕刘　彝

10. 读书使人心明眼亮。

　　　　　　　　　　　　　——〔法〕伏尔泰

第四章

KANG XI

收复台湾

大鹏一日同风起，扶摇直上九万里。

——〔唐〕李　白

▶ 不协调的旗帜

康熙团结汉人的策略非常有效，祭祀明陵与尊奉孔子之后，国内百姓基本承认了清朝的统治。康熙开鸿儒博学科大大地收拢了汉人的心，一批批人才开始为康熙所用，这为他收复台湾奠定了坚实的基础。

台湾自古以来就是中国的领土，是中国的第一大岛。顺治十八年（1661 年），民族英雄郑成功亲自率将士二万五千人、战船数百艘渡海攻打台湾。经过十个月战斗，击败了荷兰殖民军，使被荷兰殖民者侵占了三十八年的台湾地区回归了中国。

郑成功在台湾实行"以农养兵"的制度，扩大农田数量。农忙时从事生产，农闲时训练军队。他实行这些措施的目的在于把台湾建成一个牢固的抗清基地。郑成功收复台湾的行动是正义的、值得称道的，他是中华民族的英雄。

明朝灭亡后，郑成功的儿子郑经以明朝后裔自居，占据台湾，一直不肯归顺清朝，还时常骚扰福建沿海，成为清朝统治政府的严重威胁。康熙在平定三藩之后，把地方的军政大权收回了手中，有了征台的力量和恰当的时机。

台湾在这时候还依旧挂着早已不存在了的明朝旗号，不时出兵扰乱苏、浙、闽沿海，使那里的居民不得安宁。自从郑成功死后，台湾内部也发生了很大变化，这个政权本身也是矛盾重重，失去了继续存在的价值。

康熙二十年（1681 年）正月，郑成功的长子郑经在台湾病死，他的长子郑克臧和次子郑克塽为争夺继位问题闹得不可开交。郑克臧原来是郑氏家一个年轻乳妈的小孩，因为郑经宠爱这个乳妈，就将这小孩收为长子。由于郑经长年离开台湾，在福建沿海作战，在谋士的建议下，他就立了郑克臧为"监国"。可是，郑经部下的权臣冯锡范把女儿许给了郑经次子郑克塽，对郑经没有立郑克塽为"监国"，心怀不满。现在郑经一死，冯锡范和大将刘国轩合谋，罢掉了军师陈永华的兵权，使陈永华忧郁而死，从而使郑克臧失去了辅佐人。

冯锡范随即向郑成功的夫人董国太游说离间，他对董国太说："郑克臧不是郑氏血统，他只不过是乳妈的儿子。如果让他继承王位，对台湾不利呀。"董国太说："郑克臧很孝顺又很能干，是个懂事的孩子。台湾政务交给他处理，我还是很放心的。"冯锡范斩钉截铁地说："不行，郑克臧一旦继位，就会改变我们台湾郑氏的血统，不能让他即位！"董国太见冯锡范一脸凶巴巴的样子，很害怕。她也知道，现在兵权落在了冯锡范和大将刘国轩的手里，稍不顺他们的意，说不定他们会发动内变呢。于是，她无可奈何地叹了口气说："既然这样，就随你处理吧，我不插手了。""是！"冯锡范得意扬扬地去了。他立刻派心腹将十八岁的郑克臧暗杀了，接着，又迫使董国太同意让十二岁的郑克塽即延平王位。

冯锡范被封为忠诚伯，仍管侍卫；刘国轩被授予武平侯，总管军务。这样，台湾的大权实际落在了冯锡范和刘国轩的手里。

康熙二十年（1681年）四月，郑克塽刚刚即位，福建总督姚启圣在得到探子的密信后，立刻发信给康熙皇帝。他在信中报告了郑氏集团内部争权夺位的情况，并建议趁台湾"主年纪小，内乱刚起"的机会出兵攻取。在无数次的招降都没有成功后，康熙一得到这个消息，当即于同年六月发布军令："由福建水师调动士兵攻取澎湖、台湾。要求前线将领同心合力，剿抚并用，一定要肃清海疆，收复台湾！"于是，福建水师加紧训练，准备打一场大仗。

▶ 重用施琅

康熙以武力攻取台湾的决定公布以后，在朝廷文武官员中引起了不同的反响。反对以武力攻取的人数有不少，其中的代表人物有水师提督万正色、宁海将军喇哈达。有人给康熙皇帝上奏章说："启奏陛下，台湾海面气候莫测，遇上台风，多么坚固的船也会被海浪打成碎片，进攻台湾实在是十分困难的事。"水师提督万正色也上表说："皇上，台湾只不过是悬在海外的一个孤岛，是蛮人居住的地方，攻取了也没有多大用处，又何必为它劳师动众，干脆把它让给郑氏算了，料想他们在那小小的荒岛上也成就不了什么大事的。"

支持以武力攻取的也大有人在，其中主要有内阁学士李光地、福建总督姚启圣、巡抚吴兴祚等。姚启圣上奏说："禀告陛下，台湾自古是中华领土，绝不应当允许它在大清之外独树一帜。"内阁学士李光地也上奏说："据臣所知，台湾郑氏兵不过数万，战船不过数百，依臣愚见，攻取台湾并不难。"福建巡抚吴兴祚也说："陛下如同意对台湾用兵，愚臣愿效犬马之劳，充当先锋。"康熙皇帝见福建巡抚和总督都肯为进攻台湾效力，非常高兴和欣慰。

面对进攻和不进攻这两种截然相反的意见，康熙皇帝显得很冷静、很果断。他对姚启圣和李光地说："你们既然主战，那就推荐新的水师提督人选给我。"然后，又把反战的水师提督万正色改为陆路提督。凑巧的是，姚启圣和李光地推荐的人都是施琅。

临行前，康熙皇帝召见了施琅。施琅五十岁左右，矮胖身

成长关键词

↓

果敢 开明 爱民

材，方方的脸上长了一大把络腮胡子，眯缝眼儿，高鼻梁。大概由于长年在海边生活，他的皮肤黝黑，满脸皱纹。康熙皇帝亲切地对他说："今天叫你来，主要是想告诉你，出征台湾的事是朕亲自定的国策，有朕为你做主。"

顿了一顿，他又说："大臣中或许有不赞同的，朕并不怪罪，因为你们都是为了江山社稷。朕能容纳不同心的人，但不能容纳不协力的人。如果你在办理军需，调动部队方面遇到麻烦，只管对朕说！"

"皇上……"施琅听到这里，已经是老泪纵横，他啜泣着说不出话来。过了一会儿，他哽咽着说："皇上！臣甲申年只身逃出台湾，报效朝廷。父母兄弟在台湾都遭毒手，身怀血海深仇。有人以为臣在台湾朋友多，将一去不回，臣决不会这样做的！"

康熙微笑着说："朕相信你。郑成功父子加害你，并非因为你武功高强，实在是怕你智谋过人！像你这样的人他不敢用，足见他心胸狭窄，难成气候。朕不怕你不能攻克台湾，但朕实在也有心忧之处，你知道吗?"施琅睁大了双眼，不解地望着康熙。

康熙慢慢踱着步子，靴子在水磨青砖上嗒嗒作响。半天，他才笑着说："这件事说得似乎早了一点，但你听一听，多想想也有好处。台湾与内陆远隔百里汪洋，民情不熟，吏治最难。郑成功的部下有的与你有恩，有的与你有仇，恩怨联结，非常复杂。如果你一战全歼，自然不用说；如果肯归降，朕送你八个字——"说着看着施琅。施琅忙跪下叩头说："臣恭听皇上教谕！"康熙眼中闪着光彩，走近施琅一步，一字一句说道："只可报恩，不可报仇！"

施琅倒抽了一口冷气，略一顿，说道："臣明白——只可报恩，不可报仇——臣一定会以国家统一大业为重，绝不挟私报怨！""这才是真丈夫，国家的重臣啊！"康熙高兴地感叹说，"你放心去做吧，不要怕小人害你，不要有后顾之忧。朕全力支持你！""谢皇上！"施琅感激地说。

　　不久施琅和姚启圣就来到福建，他们二人每天都操练人马，准备进攻台湾。这一天，姚启圣接到了康熙命人送来的十门精制红衣大炮、十万支火箭，以及五十万两军饷，便一刻不停地来到军中见施琅。只见总兵正带着军士操练，施琅在研究海图，姚启圣不禁笑道："你真不愧为水师名将，治军有方啊！"施琅抬起头来说："虽然这几年一直都在内湖练兵，但有许多人还是畏惧下海打仗啊！"

　　正说话间，海上狂风骤起。施琅一阵兴奋："南风！正是进攻澎湖的好时机！"立即命令点炮升帐。

　　"众位将士！"施琅掷地有声，"我奉圣命，征讨台湾。今日拜祭海神，出海！"说着，取出一个黄布包，从中取出一把铜钱，大声道，"这是我请来的神物，一百枚铜钱。现在我将铜钱投到海图上，如果我军出师顺利，应当有九十五枚以上字面朝上！"说罢，手一扬，将铜钱撒了出去。将士们的心都提得老高，这样胡乱地一撒，谁能保证有这么多字面朝上，都争着观看。只见一百枚铜钱散乱地撒在海图上，一、二、三……竟有九十九枚字面朝上。总兵看完，哆嗦着嘴唇，仰望苍天，狂呼道："全是字啊！上苍保佑！"

　　立刻，军营中一片轰动，群情激昂。施琅抖擞精神，端出一碗酒，大喝一声："有进无退，出发！""喳！"全体将士将酒一饮而尽，斗志昂扬地登上战舰。原来，这一百枚铜钱的两面都是字，是施琅离京前康熙赐给他，让他用来振作军心的。

▶ 初战告捷

早在康熙二十年（1681 年）九月，康熙命施琅担任福建提督的消息传到台湾后，郑氏集团就开始紧张起来了。

他们知道，施琅是个很难对付的水师将领。但是，对清军作战的意图，却一时搞不清楚，所以防守的重点该放在哪里，也左右不定。

可巧在这时候，他们破获了两名要员给姚启圣的一封密信，内容大体是这样的：澎湖没有防备，可速派兵前来，一鼓作气可得。如果攻占澎湖，台湾就空虚了，也容易进攻了。这样，郑氏集团才决定加强澎湖的防守。郑克塽命刘国轩担任澎湖总督，派水陆军两万余人、战船两百余艘守卫澎湖。

施琅接到康熙命其专征台湾的命令，是在康熙二十一年（1682年）的十月。接到命令后，他仍旧继续练兵，等待南风。康熙二十三年（1864 年）六月十一日，这天清晨，施琅按老习惯照常骑马出城，登高遥望海面。只见茫茫海平线边渐渐涌出一轮血红的朝阳，把南边一带大团大团的云全镀成紫红色。

海面上，波涛不安地喧腾着，泛着白沫、裹着海藻，一次比一次更有力地撞击礁石，推向沙滩。"风候！"施琅心情立刻一阵激动，他站在岩石上沉思片刻，猛地一抬腿，匆匆下来，疾驰回城。姚启圣正和前来劳军的钦差大臣李光地一起下棋，见他进来急匆匆地换上朝服，又把宝剑系在了腰间，全都大吃一惊。李光地赶忙站了起来，问道："出了什么事？"

施琅已披挂齐整，正系着帽带，脸上激动的红潮已逐渐退去，他缓缓地说："李大人、启圣兄，等了多少年，多少天，总算皇天开眼，南风就要刮起来了，今日立刻渡海作战！"

施琅大军

事情来得太突然，李、姚二人一时都怔住了，姚启圣用灼热的目光扫视了施琅一眼，身上忽然一震，脸涨得通红，嘴唇嚅动了一下，却什么也没有说出来。李光地的面孔一下子变得苍白，跨前一步，急急问道："这是……真的?""真的!"施琅饱经风霜的面孔上，皱纹一动不动，仿佛一个石头人。他接着说："今天南风一定大起，正是进攻澎湖的好时机！"李光地事到临头，反而显得有点不安，他踱了两步，想了一下问道："我已经把这里的情况打了奏折飞报皇上，这两天一定有圣旨，能不能稍等一下?"施琅咬着牙，说道："将在外，君命有所不受，此刻就是皇上变卦，我也是箭在弦上不得不发，还等什么?"姚启圣眉头紧锁，双手按着桌子，盯着庭院中纹丝不动的椰树，思索了好一阵，然后猛地拍了一下桌子，激动地说道："好，时势造英雄！千古机遇！传令升帐！"

施琅算好时机，一看来南风，率三百余艘战船向澎湖列岛进发。澎湖是进攻台湾的要地，驻守澎湖的是郑成功手下有名的大将刘国轩。施琅的战船刚刚接近小岛，岛上的大炮就震天地响起来了。刘国轩集中火力向施琅所在的指挥舰袭来。施琅不顾自己的安危，命自己的战舰冲在最前面。将士们深受鼓舞，个个奋勇向前。

　　施琅手持一面红旗，指挥舰队排开阵势，向岛上还击。此刻，前锋与敌舰已经接阵，双方都有几只战船燃着了，熊熊的火光中，炮火声、战鼓声、呐喊声、战舰的碰击声音和海浪声混成一片。施琅的左右两翼攻上了海滩，刘国轩势单力薄，边退边下命放火箭。突然，一支冷箭"唆"地射来，正中施琅的左目。

　　姚启圣大叫了一声扑了过来。两旁守护的亲兵都惊呆了，施琅一使劲就拔出了带着眼珠的箭，紧紧拿在手中，恶狠狠地喝道："慌什么！快令蓝氏兄弟强攻，天时就要变了！""施琅兄！"姚启圣的泪水夺眶而出。施琅喘了口气，笑道："亏你还是有名的姚大胆，不必担心！"说着竟将箭上的眼珠塞进嘴里，一口就吞了下去，咬着牙命令道："打！打！"说完，亲自打起战鼓。蓝氏兄弟是施琅手下的虎将，见主帅如此英勇，更加不顾命地冲向敌军。在咚咚的战鼓声中，施琅的军队终于攻上了澎湖，刘国轩仓皇地逃走了。

　　在武装进攻的同时，施琅在姚启圣的配合下，用大船把金丝银币运到前线，对投诚过来的台湾兵给予重奖，然后用小船放他们回去，叫他们鼓动更多的人前来投诚。康熙接到施琅澎湖大捷的报告后，立即命令把这个胜利的消息传给朝廷内外的各级官员，又特派一名侍郎赴福建，慰问全体官兵，并传圣旨："凡是官员都官升一级，士兵全部重赏，死者家属给予优厚的抚恤金，以示鼓励。"

▶ 苦战制胜

成长关键词

果敢 开明 爱民

随着将士们的英勇作战，很快刘国轩就支持不住了，放弃了澎湖岛。这时施琅忍着剧痛登上澎湖岛，同时得到禀报说："蓝氏兄弟一死一伤。"施琅十分痛心，决意为蓝氏兄弟报仇。

两天后，二百五十艘补给充足的战舰直抵鹿耳门，鹿耳门是通往台湾的最后一道防线。刘国轩在此设防。施琅的舰队在鹿耳门港口前扎营，千方百计待敌方出战。这回，刘国轩可学聪明了，只守不攻，就不跟施琅交战。

第三天，海上起了大风。"这样下去不行！"施琅焦急地说，"风这么大，几天之内停不了。必须在今明两日破敌！"姚启圣道："鹿耳门不涨潮，船靠不了岸，还是得设法诱敌出战。"

"我去诱他们出船，"施琅果断地说，"从现在起，全军由姚启圣指挥！""这怎么行，你是主帅！"姚启圣一惊。施琅微笑着说："只要我亲自带舰假装进攻，肯定能诱他们出来！"

"可是，搁浅了怎么办？"姚启圣顶了回去，"那你就截断他们的后路。就这样了！"说罢，施琅就点兵出战了。

果然，在临近滩头时，施琅的战舰搁浅了，刘国轩终于派兵向施琅围攻过来。姚启圣见诱敌成功，依计含泪命军卒向沙滩开炮。上了当的刘国轩眼见没了退路，就向施琅紧逼过来，他仗剑大笑道："虽然战败，活捉了施琅也是一功！这鹿耳门百年才会涨一次潮，看你施琅还如何脱身！"

苦战了一宿，到了凌晨，施琅的战舰上只剩下三名军卒。施琅苦笑着说："看来，这里就是我们的归天之地了！"忽然，远远地传来水声。"潮，潮来了！"施琅激动得大喊起来，海面上还逐渐起了大雾。"真是天助我也！"后方的姚启圣也是一阵惊喜，赶忙下令接应施琅。刘国轩再没下令进攻，他瘫软在甲板上无力地说："这是天意啊。我们只有投降了。"鹿耳门就这样被攻下，台湾门户大开。

在台湾等待前线消息的郑克塽，突然见刘国轩犹如丧家之犬似的败逃归来，知道大势已去，台湾孤零零的没法守了，只好派人到施琅军前请求投降。施琅接

收复台湾之役

到投降书，一面继续对台湾进军，一面派人飞快地把降书送到康熙皇帝那里。康熙皇帝接到降书后，同意接受台湾投降。

这年八月，施琅率领的清军水师在台湾鹿耳门登陆，浩浩荡荡地开进台湾。郑克塽率领他的部属，全都剃发改装，恭恭敬敬地夹道迎接，交出了明延平君王的金印。捷报一个接一个传来，康熙皇帝高兴极了，把那天自己穿的衣服脱下来，派人疾驰送给施琅，写诗赞扬施琅智勇双全，建立奇功，安定海疆，流芳百世。后来，又授予施琅靖海将军的官职，封他为靖海侯。

郑氏投降以后，对台湾究竟如何处置，朝廷中又展开了一场争论。一些目光短浅的大臣上书道："台湾乃蛮荒之地，要它有什么用，只要把台湾岛上的人全部内迁，放弃那个没用的小岛算了。"康熙皇帝认为这事首先得征求施琅和沿海督抚的意见，他特派侍郎苏拜到了福建。施琅听说有人主张弃地迁民，觉得这个想

法太荒谬了，他立即给康熙皇帝上了一份奏章，详细提出了中肯的意见。为了说明台湾的重要地位，施琅特地请人绘制了台湾与沿海四省关系图，附于奏折之中，请康熙皇帝审阅。康熙的想法和施琅等人一样，主张留守台湾。为了统一大家的思想，就反复征求意见，做说服工作。

有一天，康熙接见了李光地，问他说："如果台湾重新被外国人占领，将会对大陆的安全造成什么样的威胁？"李光地不以为然地说："皇上，这次收复台湾臣也在现场。臣认为，有皇上的声望，台湾几十年不会有事。"康熙批评了李光地浅显的看法，指出："从长远来看，台湾凭什么归我有？又凭什么保障东南沿海长久的安全？"

康熙又问汉人大学士王熙等人的意见。王熙同意施琅的观点，认为："台湾有地数千里，其地理位置非常重要。放弃了一定会被外国人侵占，它会成为犯法作乱之人的藏身地，所以守为上策。"

过了几天，康熙派赴福建的钦差大臣苏拜的奏疏也已送到，意见与施琅大致相同。至此，康熙皇帝决定不放弃台湾，而一定要把它治理好，使它成为东南沿海的一座重要屏障。施琅认为，郑克塽最后终于纳土投诚有功于国家统一，所以上奏章为他请赏。

康熙皇帝下诏令郑克塽携带族属和刘国轩、冯锡范及明室后裔朱桓等进宫受赏，并在台湾建置政权机构，派驻重兵，增强了边防，促进了台湾经济文化的发展。

名人名言·爱国

1. 为中华之崛起而读书。

　　　　　　　　　　　——周恩来

2. 位卑未敢忘忧国。

　　　　　　　——〔南宋〕陆　游

3. 国耻未雪，何由成名？

　　　　　　　——〔唐〕李　白

4. 利于国者爱之，害于国者恶之。

　　　　　　　——〔齐〕晏　婴

5. 捐躯赴国难，视死忽如归。

　　　　　　　——〔三国〕曹　植

6. 宁做流浪汉，不做亡国奴。

　　　　　　　　　　　——丰子恺

7. 常思奋不顾身，而殉国家之急。

　　　　　　　——〔西汉〕司马迁

8. 人生自古谁无死，留取丹心照汗青。

　　　　　　　——〔南宋〕文天祥

9. 恨不抗日死，留作今日羞。国破尚如此，我何惜
　　此头。

　　　　　　　　　　　——吉鸿昌

10. 国家是大家的，爱国是每个人的本分。

　　　　　　　　　　　——陶行知

第五章

KANG XI

安定边疆

古之立大事者，不惟有超世之
才，亦必有坚忍不拔之志。

——〔北宋〕苏轼

▶ 收复雅克萨

维护国家的领土完整，是康熙皇帝辉煌政绩的重要组成部分。到康熙二十四年（1685 年）初，收复雅克萨的作战准备已基本完成。黑龙江边界备受侵略者侵害的各族居民见要攻打雅克萨了，大受鼓舞。他们觉得自己有了靠山，更加敢于跟侵略者对抗了。

他们积极为本国驻军提供情报，还为清军贡献出毛皮等御寒用品，又送了猪、牛、羊来劳军。

康熙见抗沙俄侵略是民心所向，就于康熙二十四年春下令对俄军据点雅克萨发动进攻。都统彭春、副都统郎坦、黑龙江将军萨布素等分水陆两路进军，直抵雅克萨城下。他们按照康熙皇帝的旨意，仍然先礼后兵，向雅克萨俄军头目发出满、蒙、俄三种文字的通牒说：雅克萨、尼布楚原是我大清领土，你们这些罗刹兵横加侵占，实在太无礼了。如果你们不知悔改，还不撤兵，那么大军一定会攻破雅克萨，使你们后悔莫及。可是俄军经过几年准备，把城堡修得十分牢固。他们以为万无一失，把清军的忠告当成了耳边风。

彭春观察了地形之后，在城南筑起土山，让兵士站在土山上往城里放箭。城里的俄军以为清兵要在城南进攻，就把兵力拉到城南。哪知道清军却在城北隐蔽地方，趁城北敌人防守空虚，突然轰起炮来。炮弹在城头呼啸着飞向城里，敌人的城楼被炮弹击中了，大火熊熊燃烧起来。天色渐渐发白，清军又在城下堆起柴草，准备放火烧城。俄军头目这才吓蒙了，在城头上扯起白旗投降。按照康熙帝的事前吩咐，彭春把投降的俄军全部释放，勒令他们撤回本土。俄军头目托尔布津哭丧着脸，带着残兵败将走了。

俄军撤走以后，彭春命令兵士把雅克萨城堡全部拆毁，让百姓在这里耕种。然后，带着军队回到瑷珲（今属黑河）城。初战获胜，边地军民无不欢欣鼓舞，逃亡在外的人扶老携幼返回家园。朝廷上的一些官僚以为从此天下太平，可以高枕无忧了。

康熙皇帝却看得很远，在接到捷报后告诫大臣们说："罗刹侵扰我黑龙江、松花江一带，离我大清发祥地甚近。如果不把他们彻底剪除，必使我边地民众不能安居乐业，祖宗在地下也不能安宁。现在雅克萨虽然已经攻克，但防御不能疏忽，武备一日不能松弛，将士必须勤加操练，以防罗刹卷土重来。"

事情果然不出康熙皇帝所料，就在当年，沙俄侵略军的增援部队趁着清军撤回休整的空隙，又偷偷攻进了雅克萨。他们把城

收复雅克萨

堡修筑得更加坚固，又在城外挖了又深又宽的壕沟，企图长期防守。边境的警报传到了北京，康熙帝决定把侵略军彻底消灭。

第二年夏天，黑龙江将军率部再一次进军雅克萨。清军将士想到从他们手里放走的敌人又来了，恨不得马上把他们消灭。这一次，清军的炮火更加猛烈。俄军几次出城反扑，都被清军打了回去。战斗持续三个多月，侵略军头目托尔布津被击毙。俄士兵死伤90%，最后又只好放弃雅克萨逃走了。

沙皇见两次侵略都惨遭失败，慌忙派使者赶到北京，请求谈判。康熙帝才下令停止攻城。至此，两次雅克萨之战，都以清军大获全胜而结束。康熙二十八年（1689年）九月七日，中俄谈判代表在尼布楚签订了中俄《尼布楚条约》，划定了中俄两国东部边

界，确立了黑龙江和乌苏里江流域包括库页岛在内的广大地区属于中国领土。

▶ 御驾亲征噶尔丹

清朝初期，我国的蒙古族分为外藩蒙古（漠南蒙古，又称内扎萨克蒙古，即内蒙古）、喀尔喀蒙古（漠北蒙古，又称外扎萨克蒙古，即外蒙）、厄鲁特蒙古（即漠西蒙古）。清太宗皇太极天聪年间（1627—1636 年），基本上统一了内蒙古。崇德二年（1637年），喀尔喀向清奉表称臣。崇德三年（1638 年），厄鲁特蒙古的顾实汗向清遣使通贡。

厄鲁特蒙古，即明代的瓦剌，分为和硕特、土尔扈特、杜尔伯特、准噶尔四部。他们主要活动在现在的新疆、青海一带。准噶尔部主要游牧在巴尔喀什湖以东、天山以北和伊犁河谷。这是一个比较强悍的部落，世代受朝廷的管辖。

康熙九年（1670 年），准噶尔部内讧，首领僧格被杀。僧格之同母弟噶尔丹在西藏当喇嘛，闻讯赶回，声称奉达赖喇嘛之命，为兄报仇，夺取了准噶尔部的领导权。噶尔丹是一个野心勃勃、掠夺成性的人物，他上台后，频繁地对邻近各部发动掠夺战争。

噶尔丹面目狰狞，心肠狠毒。在父亲去世后，他杀了哥哥，夺得了准噶尔部的大权，把权力集中到自己一个人手中，变成了准噶尔部的独裁统治者。自从噶尔丹统治准噶尔部以后，他先兼并了漠西蒙古的其他部落，又向东进攻漠北蒙古。

康熙十年（1671 年），噶尔丹宣布自己为准噶尔汗，是蒙古的最高统治者。但是，他的野心还没有满足，他梦想夺取青海和西藏的统治权，并进而吞并中原。他狂妄地宣告说："总有一天，我要把黄河作为我饮马的马槽。"

这时，沙皇俄国正把侵略的魔爪伸向中国。它一面公开侵略，一面挑拨噶尔丹叛乱，想从内部制造民族矛盾，打击清朝的统治。康熙二十八年（1689年），中俄《尼布楚条约》签订以后，俄国弄得灰头土脸。为了出一口气，俄国暗地里又送给噶尔丹一大笔钱和一批精良的火药武器。

噶尔丹以为有了靠山，可以有恃无恐，于是兴兵大肆南侵，深入漠南蒙古的中部掠夺财物，霸占地盘。快报传到京师，康熙皇帝快速阅完了奏章，对大臣们说："对噶尔丹这样的叛匪，已无法讲什么道理了，朕决定派兵攻打噶尔丹，谁愿前往？"

"臣愿往！"一个洪亮的声音响起。大家循声望去，原来是理藩院尚书阿喇尼。

康熙皇帝点头微笑说："好。朕派你率骑兵六千，赶到乌珠穆沁部去抵挡噶尔丹的南侵！"

"喳！"

"记住！噶尔丹诡计多端，和他打仗，只许智取。"

"喳！"

阿喇尼到了乌珠穆沁以后，亲眼见到了噶尔丹军的罪恶行为，他怒不可遏，挑选了两百名蒙古骑兵，在乌尔舍河地方与噶尔丹大战一场。由于没有听康熙帝的话，阿喇尼孤军深入，兵力不足，被噶尔丹打败，五百辆战车和全部武器都被抢走。

噶尔丹得胜后，气焰更加嚣张，乘势进一步向内地深入。清军阻挡不住，噶尔丹队伍逼近乌兰布通，离北京只有七百里路了。消息传到北京，清廷大为震惊，京师宣布戒严，米价很快上涨到每石三两多银子。朝廷紧急商讨对策，议论纷纷。大将费扬古上奏说："启奏陛下，那噶尔丹即使有三头六臂，毕竟只是一个叛匪。俗话说，邪不压正。陛下如果能御驾亲征，全军将士一定会尽心竭力，为讨平噶尔丹争立战功！"

康熙皇帝觉得费扬古的话正合自己的心意，他点头微笑着说道："说得很有道理，你还有什么想法？"费扬古回答道："臣只知道皇上一直在等待时机，现在国富民强，粮草充足，皇上永不加赋的圣旨会使民心大悦。万众一心，这个出兵的良机一定不能错过！"

"嗯，"康熙皇帝点点头，庄严地宣告，"礼部现在开始筹划留京和从驾的人选！二月二，朕在五凤楼阅兵，御驾亲征！"

五天之后，御驾亲征噶尔丹的出兵仪式在午门外五凤楼前举行。三天前，按照礼部制定的程序，康熙祭告了天坛、太庙和太岁神。又到太皇太后灵前洒泪默祷，恳乞佑护。又斋戒熏沐，向上天表明诚心。一切预备妥了，费扬古从古北口调回三万铁骑军接受康熙检阅。

正月二十午时，悬在午门的钟鼓当当响了起来。与此同时，正阳门东西的钟楼鼓楼也遥相呼应。这时候，北京大雪纷纷扬扬下了起来。午门外，空旷的广场上东、西、南三面黑压压站着三个大方队，铁铸般一动不动。留守在京的太子胤礽率领上书房大臣佟国纲（康熙的舅舅）和张廷玉，以及在京的王公、贝勒、大臣等三百余人在右掖门前恭敬地等着恭送皇帝。

前一天，京师的几十万老百姓便接到"大赦天下"和"永不加赋"两道恩诏。虽然天冷又下了大雪，但他们感念皇帝的恩德，都自发地涌到正阳门外新设的绸帷外观看检阅。家家户户都摆上香案，摆上酒肉，算是备办酒食，欢送王师。一会儿，便听见天崩地裂似的两声大炮从五凤楼响起。

接着，一队队举着龙旗宝幡的内侍不断地从午门涌流而出。当二十一队羽林军列阵完毕以后，在鼓炮齐鸣声中，皇太子领衔伏地，率领百官三跪九叩扬尘舞拜，山呼万岁。三万军士也一齐高呼："皇帝万岁，万万岁！"康熙身着全套金甲战袍，在雪地的映照下显得十分精神。在这个地方阅兵已经是第二次了。

前一次是康熙十二年（1673年）腊月，南方吴三桂"三藩"造反，京师又有吴应熊内外策应作乱。那一次的检阅调集京师全部守军，也没超过五千人，哪里赶得上今天这样严整的军容、饱满的士气！在震耳欲聋的山呼声中，康熙庄严地举手向三军致意。立刻，午门前又是一片鸦雀无声，只有雪花落地沙沙地响。"将士们！"康熙大声叫道。

"万岁！"回声好像山呼海啸。

"噶尔丹真是狼子野心，十多年来多次与罗刹勾结，东侵中原，兼并蒙古，毁我城池，杀我人民，破坏统一，骚扰百姓！"康熙字字掷地有声，"朕今亲率满汉大军三十万讨此国贼，不灭噶尔丹，誓不还朝！"说完，他从箭囊中抽出一支箭，啪的一声折断了。

"有临阵退敌，不听号令者，有如此箭！"话虽然简短，却十分有力。

数万军士都是训练有素的，见皇帝这么说，都单膝跪地，大声喊道："不灭噶尔丹，誓不还朝！"

"升旗！"

清军统帅福全策动战马向前几步，仗剑大喝一声。设在校军场中央的一面黄龙旗冉冉升起，在北风中猎猎响着直上杆顶。一碗碗酒传到了每一位出征军士的手中。康熙率先喝了一大杯，然后把酒杯一摔，大喝一声："三军出城！"

军士们紧随康熙，一齐把空碗一扔，三万个碗破碎的声音像山摇一般响。士兵们一列列从午门出发，鼓乐号角愈发响得山摇一般。

康熙的行营到达乌兰布通的时候，噶尔丹已经在那里摆好阵势。噶尔丹在山坡上摆了"骆驼阵"。所谓骆驼阵，蒙古人灭宋时就曾用过，就是将万头骆驼的腿都捆起来，让它们卧在地上。骆驼背上用箱子叠成矮墙，上面再蒙上湿毛毯，环列像栅栏一样。兵士们可以从栅栏的间隙处，发射弓箭和枪炮。

清军将士们见了骆驼阵，不免有点胆怯。他们以为，这种阵势恐怕难以攻破。可是，康熙的舅父佟国纲根本不害怕，他自告奋勇，愿意打头阵。他说："骆驼阵虽然厉害，我们可以用大炮轰击，然后再用骑兵冲杀，准能把它打个落花流水。"

清军统帅福全同意佟国纲的意见，于八月一日下达了攻击令。随着福全手中血红的大令

亲征噶尔丹

旗哗的一挥，三十三门大炮立刻怒吼起来。飞弹挟着浓烟，闪着火光飞向敌阵。一千余名火枪手站在阵前向骆驼阵后的枪手射击。

与此同时，噶尔丹阵中三百名火枪手也向清军发射。他们虽没有大炮，但俄式的火枪的确比清军的武器精良得多，射程既远，准头又好，而且集中火力专打炮手。

清兵中炮手早有四十余名中弹身亡。幸亏福全为每门炮配备的炮手多，如果按照正常编制配备，少说也要哑十门炮。骆驼听到隆隆炮声，看见通红的火光，吓得再也卧不住了，站起来挣断绳索，四散奔逃。

佟国纲见敌人的骆驼阵已经崩溃，就跃身上马，举着大刀率领队伍冲杀过去。噶尔丹毕竟也是经过大风大浪的，他带着骑兵和步兵拼命抵抗。战场上立刻呈现一场白刃肉搏的血战！那些躲在岩石和沙丘背后的叛军士兵，暗地里放火枪偷袭。冲在队伍最前面的佟国纲，冷不防被敌人的火枪击中，身受重伤，因流血过多，来不及抢救而壮烈牺牲。

清军士兵见皇帝的舅父英勇为国捐躯，更加激发了对敌人的愤恨，都勇敢地喊叫着向叛军进攻。战斗一直进行到晚上，噶尔丹叛军终于全线崩溃，清军大获全胜。噶尔丹带领失败的队伍趁夜黑逃到了山顶险要处。

第二天，噶尔丹一面组织队伍北撤，一面派使者到清营游说。使者随身带了一封请罪书，说道："尊敬的统帅，我们的大汗噶尔丹对佛发誓，保证不再侵犯喀尔喀。"福全说："只要噶尔丹肯老

老实实撤军回去，我可以下令叫各路兵马停止进击。"福全手下的大将费扬古在旁边机警地提醒说："大帅，小心中了噶尔丹的调虎离山计！""不会的！"福全不以为然地说。

福全轻信了噶尔丹的诺言，中了缓兵计。不但自己停止了进攻，而且还命令其他各路兵马禁止出去。噶尔丹从容地逃走了。

康熙接到大破骆驼阵的捷报后，不但没有高兴，反而担忧地说："但愿前方将领不要滋长轻敌情绪，一定要穷追不舍，不留后患。"于是，他立刻下命令给福全，命他乘胜追击，剿灭噶尔丹。

当福全接到康熙命令的时候，已经过去五六天了。噶尔丹率残部已逃走很远，追也来不及了。

康熙非常痛心，马上派都统希福奔赴福全军前参与处理军务。但已无济于事，乌兰布通大捷的战果功亏一篑。"不能全怨福全，朕也有失算之处。"康熙说道，"现在必须尽快判明噶尔丹行踪，只要他不到西藏投靠达赖喇嘛桑结仁钦，一切都来得及补救。他若真去西藏，那就麻烦了。"费扬古想到福全由于不听自己的意见，才弄成这个局面，真是欲哭无泪。

福全惭愧得恨不得找个地缝钻进去。他说："皇上，由于臣的疏忽，才造成这个局面，请您降罪处置臣吧。"康熙安慰他说："你也是一时疏忽，不要太自责了。你带领部队破了骆驼阵，立了一大功，功过抵消，又何罪之有呢？"

他又对福全和费扬古说："打起精神来！青海回部既落在我手，噶尔丹想去藏北谈何容易！朕看他此刻顶多逃往塔米尔河一带。只要藏兵不和他会合，一定能捉住他！"康熙的脸绷得紧紧的，像石头人一样不动声色。福全和费扬古心中又惭愧又佩服，都叩头说道："使皇上这样劳苦，臣等万死不能辞咎！"康熙说："现在大军先回去休整，待发现噶尔丹踪迹再追赶！回京之后，为了训练士兵，每年都要进行两次大规模的阅兵。福全、费扬古，这个任务就交给你们了！"

"喳！"

▶ 三征噶尔丹

噶尔丹一逃回漠北，就立即着手聚集残部，重新整编，并继续招兵买马，扩充实力，准备东山再起。他还派人到莫斯科哭诉，请求沙皇俄国继续支持他。沙皇本来唯恐清朝的天下不乱，见噶尔丹既然如此顽固地背叛祖国，就又给了他许多援助，让他继续捣乱。

康熙皇帝在乌兰布通战役后，并没有对噶尔丹穷追猛打。他说："朕经过御驾亲征，体会到了在塞外用兵的艰难困苦。如果噶尔丹能安分守己，吸取教训，服从朝廷政令，就不一定要对他使用武力。"

康熙皇帝本着这样良好的愿望，多次派人去通知噶尔丹，叫他前来会盟，服从朝廷政令。噶尔丹仗着背后有沙俄做靠山，悍然拒绝了朝廷的邀请。他还派密使挑拨漠南蒙古的王公，叫他们也起来背叛清朝。

康熙三十三年（1694 年），沙俄派人对噶尔丹说："等到明年沙漠绿洲上长出青草，沙皇陛下就援助你一千火枪手和车装大炮。""谢谢沙皇陛下！"噶尔丹一脸谄媚的笑，他卑躬屈膝地说："我一定不会辜负沙皇陛下的栽培！"

送走了沙俄的信使，噶尔丹又嚣张起来了。他以为，有了沙俄的援助，就又能横行一时了。

康熙三十四年（1695 年），噶尔丹又一次发动了叛乱。他扬言说："我已经从俄罗斯借了火枪兵六万，将要一举踏平漠南蒙古！"

消息传到北京，清廷又一次展开争论。这一次，主和的仍然比主战的要多。不少人反复强调在塞北作战的困难，认为对噶尔丹这样的人还是以让步为妙。主战的虽然是少数，但是态度都很坚决。他们都恳切地说："皇上，臣等愿意在讨平噶尔丹的战争中效力疆场，万死不辞。"

康熙皇帝感动地说："你们忠心为国、为朕，朕很感谢你们！这一次，朕决定再次御驾亲征！"他又对大臣们说："朕深知在塞北作战的艰苦，但是事实上必须打这场仗。上次亲征，你们劝阻，只有费扬古赞成。结果是压制了叛匪的气焰，取得了空前的胜利。"

他见大臣们都静悄悄地不吱声，就加重了语气说："现在噶尔丹卷土重来，对付的办法还是给他来个下马威！当头棒喝！"说完，他立刻做出了平叛安排："朕决定兵分三路。东路以黑龙江将军萨布素为主将，率领东三省的主力部队，会同漠南蒙古科尔沁部作战。"萨布素立即出列，应声答道："喳！"

"西路以大将费扬古为主将，率领陕甘兵到宁夏，截断噶尔丹的退路。"

"喳！"

"中路由朕亲率禁军，到独石口，为东西路军压阵。"

康熙皇帝的中路军到了科图，遇到了敌军前锋。但是，东西两路军还没有到达。这时，有人传说沙俄将要出兵帮助噶尔丹。随行的一些大臣听了，非常害怕，劝康熙皇帝说："皇上，这里太危险了，咱们还是回北京吧。"康熙皇帝气愤地说："我这次出征，没有见到叛贼就退兵，怎么向天下人交代？再说，我中路一退，叛军全力对付西路，西路不是危险了吗？必须继续向前进兵。"

然后，又派使者去见噶尔丹，告诉他康熙皇帝亲征的消息。噶尔丹在山头一望，见到康熙皇帝军营里十分壮观，漫天的黄旗随风飘扬。他感叹了一声："康熙很懂治军之道啊。"噶尔丹不敢和康熙帝正面交手，连夜拔营撤退。康熙帝一面派兵追击，一面赶快通知西路军大将费扬古，要他们在半路上截击。

噶尔丹带兵奔走了五天五夜，到了昭莫多正好遇到费扬古军。清军占据有利地势，居高临下，用火枪和弓箭射击，直杀得叛军人仰马翻。

正当叛军阵脚已乱，纷纷抱头鼠窜的时候，费扬古一声号令，清军骑兵举着明晃晃的大刀冲入敌阵。噶尔丹的妻子阿奴是出名的"母老虎"，她凶狠地率领叛军顽抗。但是，她哪里敌得过清兵？在一次近距离的肉搏中，阿奴的脑袋被劈成两半，倒地而死。噶尔丹见妻子死于非命，吓得他无心恋战，赶快带着几名亲兵逃走了。

噶尔丹从昭莫多逃走以后，失魂落魄地想回自己的老巢伊犁去休养生息。不料，伊犁已被他的侄子策妄阿拉布坦夺占了。噶尔丹在城下苦苦哀求道："好侄子，让你的叔叔进去喝口水，暖和暖和吧。"策妄阿拉布坦派人传话说："全蒙古谁不知道叔叔是一头豺狼，喝干了自己兄弟的血来肥壮自己。如果我放你进城，恐怕我的骨头还得让你嚼碎了。你别做梦了！"

噶尔丹不得已，只好清点残兵败将，露宿在城外。这时候，他的兵已经不满三千，而且多数都已伤残，战马也所剩无几了。这时候，他派人去请的俄国使臣格里高耶夫来了。噶尔丹就像被打了一针强心剂，脸上立刻有了光彩，他连声说："快，快请格里高耶夫先生进来！"

一见到格里高耶夫，噶尔丹迫不及待地就问道："格里高耶夫先生，您给我的火枪手和大炮带来了没有？"

格里高耶夫一脸沮丧的样子，迈着灌了铅似的两腿进来，生硬地向噶尔丹鞠了一躬，说道："大汗，很遗憾我没能给您带来好消息。由于我国国内的形势和刚刚与大清帝国缔结的中俄《尼布楚条约》，果洛文大臣命我代表至高无上的沙皇致意大汗，火枪和弹药目前均不便向大汗提供。"

噶尔丹的脸色一下子苍白得毫无血色。格里高耶夫又说道：

"我本人和大汗的心情一样，我谨代表我本人向您，我尊贵的朋友表示深切的同情和歉意。"噶尔丹睁大眼睛，茫然注视着塞外肃杀的秋色、枯黄而稀疏的牧草，良久，突然爆发出一阵狂笑："叛卖，又是叛卖！哈哈哈哈……我在两天内，受到这样大的两次背叛，也算人生一大奇遇！哈哈哈哈……"

"我说过，我本人向您致以歉意。"格里高耶夫向前一步，不动声色地说道，"我们伟大的沙皇彼得，目前正集中全力解决俄罗斯西部和南部边境的政治问题。依您的聪明，当然会理解，我国有我国的困难，不能过多地干预贵国的内政。为表示我本人的同情，我仅以我个人的名义赠送大汗十支火枪和相应的弹药。完成这一使命后，我将怀着遗憾奉诏回国了……"

说完，把下颏一摆，两名罗刹兵抬着个大箱子进来，放在地上。格里高耶夫轻松地吁了一口气，耸耸肩，举起手杖说了声："再会——祝你万事如意。"说着，他竟站起身扬长而去。噶尔丹气得浑身发抖，"呸"地朝格里高耶夫的背影啐了一口，骂道："流氓！骗子！"

经过两次大战，噶尔丹叛乱集团土崩瓦解，康熙皇帝要噶尔丹投降，但是他不听，仍然继续顽抗。于是，第二年春天，康熙帝第三次御驾亲征，到宁夏指挥战斗。这时候，噶尔丹已经众叛亲离。三千人的军队逃走两千多人，只剩下五六百人了。他的左右亲信听说清军来到，也纷纷投降，愿意做清军的向导。噶尔丹走投无路，只好服毒自杀了。

自此以后，清政府重新控制了阿尔泰山以东的漠北蒙古，给当地蒙古贵族各种封号和官职。

清政府又在乌里雅苏台设立将军，统辖漠北蒙古。噶尔丹挑起的叛乱被平息了。可是，一波刚平，一波又起，原来噶尔丹的侄子策妄阿拉布坦也是个野心家。他竟效法他的叔父，发动了又一次叛乱。

名人名言·善良

1. 善良与品德兼备，犹如宝石之于金属，两者互为衬托，益增光彩。

———［英］萧伯纳

2. 做一个善良的人，为群众去谋幸福。

———［苏联］高尔基

3. 不知道善意不一定就不能为善。善不是一种学问，而是一种行动。

———［法］罗曼·罗兰

4. 灵魂最美的音乐是善良。

———［法］罗曼·罗兰

5. 在一切道德品质之中，善良的本性在世界上是最需要的。

———［英］罗　素

6. 没有单纯、善良和真实，就没有伟大。

———［俄］列夫·托尔斯泰

7. 我愿证明，凡是行为善良与高尚的人，定能因之而担当患难。

———［德］贝多芬

8. 具有才能的人总是善良的，坦白的，爽直的，决不矜持。

———［法］巴尔扎克

9. 善良的行为有一种好处，就是使人的灵魂变得高尚了，并且使它可以做出更美好的行为。

———［法］卢　梭

KANG XI

安定西藏

苦难是人生的老师。

——〔法〕巴尔扎克

KANG XI

安定西藏

苦难是人生的老师。

——〔法〕巴尔扎克

▶ 祖母去世

康熙二十六年（1687 年）九月，七十五岁高龄的孝庄太皇太后身染重症，一病不起。当时，康熙正在古北口查看八旗绿营军的操练情况。得到祖母病重的消息后，大吃一惊，立即连夜赶回北京。连着走了一天一夜，总算及时赶回宫里。康熙下了马车，连衣服也来不及换，立刻赶往慈宁宫探望祖母。

暗沉沉的寝宫里，太皇太后半躺在床上，她脸色憔悴不堪，喉间大约被痰堵住了，呼吸很不匀称。

九月的北京，天还是闷热的，秋蝉在树上不停地叫，更使人压抑得喘不过气来。康熙轻手轻脚走近床边，太皇太后的贴身侍女彩娥走过来小声说："回万岁爷，太皇太后吃了药，刚睡着，正发汗呢。"康熙点了点头，轻轻坐在了床边，深情地凝望着熟睡中的祖母。她紧闭着嘴唇，苍白的面孔上没有一丝血色。太监和宫女们见万岁爷来，都已退到外间等候。

屋里静静的，只有太皇太后沉重的呼吸声。一时间，望着昏睡着的祖母，康熙仿佛又想起小时候，她常常抱着他，给他讲本朝先祖的英雄故事。太皇太后教他读书、写字，教他做人。皇阿玛因宠爱董鄂妃而冷落他这个三皇子。幼年、童年的记忆里，最亲最近的人，就只有慈祥亲切的祖母了。祖母，是他在这个世上最亲的、最关心他的亲人了。

康熙的泪，像断了线的珠子一样流了下来，为免惊醒祖母，他赶紧擦去了眼泪。"皇上，你怎么哭了?"太皇太后慢慢睁开眼，吃力地轻声说。"祖母，孙儿把您吵醒了吧？"

"没有，孩子，你一进来我就知道了，只是，我没有力气说话，甚至没有力气睁眼看你一眼，老了，要走了……"说到这儿，太皇太后突然停住了，只上上下下打量着康熙。那依恋、疼爱、期待的神情使康熙心头一热，眼眶中突然涌满了泪水，强忍着不让它滚落出来。

孝庄太皇太后

成长关键词

果敢 开明 爱民

他强笑着说："祖母您别说这样的话，让人听了心里怪难受的，您老身体那么健康，能活到一百三十多岁呢。"

"哦，一百三十岁……"太皇太后微微笑道，"那怎么可能呢？孩子，我自己的身体自己清楚。这回，真是阎王爷来叫我喽。"

"祖母……"康熙激动地叫了一声，涨红了脸，眼里含满了泪水，只强忍着不让它流下来。

"孩子，坐近点，挨着我，咱俩好好说会话。"康熙听着这声音，仿佛从很远的地方传来，不禁打了个寒战。

他紧靠着太皇太后坐下，温和地说："祖母，您说吧，孙儿听着呢。"说着便觉眼眶发潮，哽咽着说不出话来。他握着祖母烧得滚烫的手，轻轻贴在自己脸上，仿佛在抓住什么东西，又像担心有什么东西把祖母从自己这里抢走。太皇太后闭上眼睛，粗重地喘了几口气，慈爱地用另一只手抚着康熙说："孩子，你登基这二十六年，咱们祖孙闯了多少大风大浪，先是差点死在鳌拜手里，又差点叫吴三桂葬送了，我们大清能有今日，真不容易，你得珍惜它！"

这明明白白是遗嘱了。康熙追想往事，一时间五内俱痛，他

强忍着悲痛说："是，大清能有今日，全是祖母的福佑！"太皇太后又缓缓说："孩子，临走有一句话对你说，这一生，我最幸福的一件事，就是有缘做你祖母，有你这样的好孙子……"说着，突然"吭吭"地咳嗽起来，把一口带血的痰吐在了漱盂里。

康熙为她擦去嘴边的痰迹，抽泣着说道："祖母……别说了，孙儿也认为，和您老在一起最幸福！"

刚到腊月，太皇太后病势更加沉重。康熙停了朝，昼夜守在慈宁宫，亲自服侍。他亲往天坛祭祀，祈求上天为太皇太后增寿，又遍请天下名医，一起为太皇太后会诊。可是，一切都没有用了。腊月二十三小年这天，傍晚时分，孝庄太皇太后去世了。

临终前，她紧紧握着康熙皇帝的手，深情而又依依不舍地凝望着康熙，眼睛忽然一亮，随即黯淡下来，便溘然逝去了。她的眼角，还存着两颗亮晶晶的泪珠。康熙立即晕倒了。宫女、太监、大臣、太医乱成一团，纷纷抢救皇上。过了一会儿，康熙终于苏醒了。他昏昏沉沉地抬起头来，红肿的眼睛愣愣地盯视着黑压压的跪在地上的大臣、太医、宫女、太监，半天才说："传旨，诏告天下，举行国葬！朕亲自守丧！"康熙为祖母守了一个月丧，以后每年到祖母的忌日，都到祖母墓前行礼。他又在宫中为祖母设置了牌位，每日清晨一定要拜祭一番，就当祖母还在世一样。

▶ 西藏隐患

西藏是个信奉佛教的地区，曾分为噶举派和格鲁派等派别。格鲁派穿黄色禅衣，所以叫黄教。黄教的创始人宗喀巴，在明朝洪武二十五年（1392年）的时候，从他的入位弟子中选了两个人。一个人称为第一世达赖，另一个人称为第一世班禅。

从此以后，达赖、班禅都采取"转世"的制度。从一批灵童中寻找与达赖或班禅长相、性格、喜好相近的，确定为转世灵童，让他担任下一世的达赖或班禅。黄教在群众中威信不断提高，赢得明朝朝廷的好感。

明朝万历六年（1578年），三月的一天，蒙古鞑靼部的首领俺答，邀请三世达赖索南嘉措到青海会晤。俺答恭敬地对索南嘉措说："上师的智慧比草原上的雄鹰飞得还要高，您的慈爱就像巍巍雪山旁的白云一样纯洁，我们世世代代托佛祖的荫护，就像春天的草离不开太阳……"索南嘉措温和地说："只要常怀善念，幸福就会降临到人们身上。"俺答说："为了表示对佛祖、对活佛的感激，我们蒙古人赠您一个称号——'知道一切的达赖喇嘛'尊号。"索南嘉措点点头说："嗯，很好。'达赖'在蒙古语中是大海的意思，'喇嘛'在藏语中是上师的意思。"

"是的，"俺答说，"我们称您达赖喇嘛，就是说您是海一般的大师。"

"好，谢谢你。回藏后，我会把'达赖喇嘛'这一称号沿袭下去的。"从此以后，就有了"达赖喇嘛"这一称号。

后来，达赖喇嘛派使团到盛京朝贡时，皇太极给了他最高的礼遇，亲自率领王公贝勒和文武百官出盛京迎接。

顾实汗与清朝的关系很密切，顺治皇帝迁到北京那一年，顾实汗给顺治皇帝上了一道奏章说："达赖喇嘛功德无量，应该请他到北京，诵经念佛，保佑大清繁荣昌盛。"顺治皇帝看了奏章很高兴，说道："国家强大，还要以德行教化民众啊。"于是，立即派遣使臣去迎接达赖和班禅。顺治九年（1652年），达赖喇嘛到达北京，顺治帝派亲王硕塞率领八旗远程迎接。并且，在北京修了一座西黄寺，专门给达赖喇嘛居住。达赖喇嘛在北京住了一个多月，因为水土不服，返回了西藏。顺治帝出钱帮他修复了布达拉宫和西藏各处寺庙三千多所。

康熙帝无论对佛教还是道教，都是不大感兴趣的。康熙十一年（1672年）二月，他在赤城（今属河北）游玩的时候，看见一个道士跪在路旁，他觉得很奇怪，就对兵部尚书明珠说："明珠，你去看一下，那个道士有什么事吗？"过了一会儿，明珠气喘吁吁地跑回来说："回皇上，这个道士的道观在离赤城三十里的金阁山，名叫灵真观。现在听说皇上到了这里，特意赶来请皇上另外赐一个观名。"康熙皇帝听完后，冷笑一声说："这个道士真会钻营，想求皇上赐一个名号愚弄百姓。"

于是，他把道士叫了过来，训斥他说："朕自从亲政以来，这种求赐庙观名字的，从来都不答应。何况古人里的统治者中崇拜教的，结果都是无益的。"接着，他又说道，"朕这么说，你可能还不服气。举个例子吧，梁武帝酷爱佛教，最后饿死在台城；宋徽宗信道教，父子都做了金国的俘虏。"那个道士听了皇上的训斥，吓得冷汗都流了出来，趴在地上一个劲儿打哆嗦。康熙皇帝见他害怕了，又和缓了语气对他说，"希望你回去，能多从道德方面去教化百姓，而不是让百姓搞什么求财、祛病、消灾、生子！"

"是，是！"道士连声说，磕了几个头，一溜烟儿地走了。

康熙皇帝虽然不信教，但仍然继承尊崇达赖喇嘛、安抚蒙古的国策。他经常派人去西藏看望达赖和班禅，给他们赠送贵重的礼品。康熙还规定，每年给达赖喇嘛拨五千两白银，作为他赡养僧众的生活费；每年给班禅五十大包茶叶，给僧众熬茶用。达赖和班禅对朝廷也十分敬重，按期进贡。

康熙二十一年（1682年），达赖五世去世了。他的亲信桑结嘉措秘不发丧。桑结嘉措从僧侣中挑选出了一名和五世达赖相貌相似的喇嘛江阳扎巴，偷偷对他说："现在，五世达赖已经去世了，我想让你穿起达赖服装，坐在布达拉宫的宝座上，伪装成五世达赖的样子。"

江阳扎巴不解地问："为什么要这样？"桑结嘉措阴森森地说："现在，我们黄教与蒙古和硕特汗对于西藏统治权的争夺十分激烈。达赖五世的声望、地位以及与清王朝的密切关系，是黄教与和硕特汗争夺对西藏统治权的主要优越条件。"

"那么，五世达赖去世，我们就失去了这个优越条件，给和硕特汗全面控制西藏制造了有利时机？"

"你说得很对，"桑结嘉措阴沉沉地继续说，"现在我已选好了一个转世灵童，六世达赖仓央嘉措，我要暗中培养他，等他能够独立掌管政教事务时再报达赖五世的死讯。"

"那……那……别人发现我是假的怎么办？"江阳扎巴战战兢兢地说。

"不会的。你不要和外人接触。除了接受民众朝见外，就不要露面。我对外宣布达赖要打坐，长期修炼密法。"

"那随你吧。"江阳扎巴无可奈何地说。他知道，如果反对，桑结嘉措肯定会杀他灭口，只好答应下来了。

这时，蒙古和硕特部首领是顾实汗的儿子达赖汗。他是一个很出色的首领，把蒙古和硕特部治理得很好。桑结嘉措见和硕特部在西藏的势力一天天强大起来，非常着急。为了加强自己的力量，他暗中勾结噶尔丹，支持他侵犯蒙古其他部落，想借噶尔丹的手除掉达赖汗。

康熙三十六年（1697年）的秋天，北京天气格外肃杀，寒气来得早，秋雨又淅淅沥沥地下个不停，整个北京都笼罩在一片灰蒙蒙的沉闷之中。这一阵子，康熙的心里一直悬着一个疑团。十五年来，朝廷每年派往西藏的使者回来都说，只看见了达赖五世，但没有走近他，更没有机会和他谈话。康熙对大臣们说："十五年前，达赖五世很健谈，为人也很开朗热情。怎么这十五年，突然变得像一个木头桩子了？"去西藏的使者说："皇上，臣认为，这里面一定有问题。"康熙说："你再悄悄带人去西藏，偷偷查一下五世达赖的近况。"

"喳！"

使者到西藏后，重金买下了达赖五世身边的仆人，打听到一切后，他立即赶回北京向康熙皇帝禀报。"啪"的一声，康熙皇帝拍案而起。他气冲冲地说："桑结嘉措胆也太大了，竟然弄一个假达赖来骗世人，还匿丧不发十五年！""皇上息怒！"大臣们赶紧安慰他。"以前桑结嘉措勾结噶尔丹，朕还以为是达赖喇嘛的主意，现在看来，是他想大权独揽，想当西藏王！"康熙快步在屋子里踱了两个来回，又停下来说："朕能原谅达赖五世勾结噶尔丹，但不能原谅桑结嘉措骗朕！来人！"

"喳！"

"速派人去西藏，通知桑结嘉措，把达赖五世的丧事公布！"

"喳！"

康熙三十六年（1697 年），桑结嘉措公布了达赖五世的丧事。同时，宣布仓央嘉措为转世灵童，称达赖六世。达赖汗听到这个消息后，为了怕新出来的达赖六世取得西藏地区的领导权，就坚决反对立仓央嘉措为达赖六世。两派的矛盾一天天尖锐起来。康熙四十年（1701 年），达赖汗病死了，他的儿子拉藏汗继位。

康熙四十四年（1705 年），拉藏汗打败了藏兵，杀掉了桑结嘉措。康熙听说这件事后，说："桑结嘉措长期匿丧骗朕，又支持噶尔丹搞叛乱，实在是罪不可恕。既然拉藏汗杀掉了他，也算是为朕除掉了他。所以，拉藏汗有功无过，朕封他做'恭顺汗'，派兵驻扎西藏。""皇上，那个达赖六世仓央嘉措怎么办？""朕听说仓央嘉措才华出众，但十分不喜欢清教徒生活。一个达赖怎么可能让这种事发生呢？把他押送到北京，朕要见见他！"

"喳！"

"如果他品行高洁，智慧超群，那就在北京给他建个寺庙，在这里修行。"

"喳！"

"如果查明他不是转世灵童，就拘禁在北京吧。"拉藏汗捉拿住仓央嘉措，把他往北京押送。由于经不起旅途中的饥渴劳累，仓央嘉措刚走到青海就死了。

因为仓央嘉措的死，引起了西藏上层人士及民众的不满。因此，在西藏存在着一股反对拉藏汗的潜流。仓央嘉措死的时候，青海方面根据灵童转生制，在青海里塘找到了达赖七世，名叫罗布藏噶尔。

可是，在这以前，拉藏汗已经在西藏立了他自己喜欢的什嘉穆措为达赖七世。现在，拉藏汗听说青海又找到一个达赖七世，自然很不高兴。于是，他叫来心腹说："速派人去青海把罗布藏噶尔杀掉，不要让他威胁到达赖七世的地位！"可是，在杀手到青海的前几天，那个达赖七世的父亲得知风声，火速背着儿子逃走，躲藏了起来。拉藏汗的人在青海没有找到罗布藏噶尔，赶忙回去向拉藏汗禀报。

拉藏汗眼珠一转，计上心来，他就向康熙皇帝上奏章说："臣上次押送假达赖六世进京时，曾经留意寻访真达赖，如今这真达赖已经找到，名叫什嘉穆措，经过班禅认定，已准备举行正式坐床的典礼。"

康熙皇帝在接到拉藏汗的奏章时，已经知道青海方面也出来了一个达赖七世。他心想：两个达赖七世，一定有真有假。为了慎重起见，他下诏给拉藏汗说："新找到的达赖年幼，等过几年再让他坐床，给予封号。"然后，他又命令侍郎赫寿说："你一直对西藏、青海的事务很了解。这次，朕派你去进一步了解一下西藏和青海两个达赖七世的真实情况。"

赫寿到西藏后，立即多方打听，了解这两个转世灵童的各方面情况。

一年过后，拉藏汗见皇帝还不下令，就着急了，他又上奏章说:"启禀皇上,什嘉穆措已经长大。经典背得很熟,请陛下赐给封号。"可是,青海方面不相信拉藏汗的话,他们坚信在青海找到的罗布藏噶尔才是真正的达赖七世。所以,他们也上奏章给康熙皇帝说:"从各种征兆看来,罗布藏噶尔才是真正的达赖七世,请皇上让他在青海坐床。"康熙接到两封要求达赖七世坐床的奏章,立刻召回了赫寿,向他征询意见。赫寿说:"回皇上,臣认为,真假达赖之争闹大了会出现别的问题,将来不好收拾,不如先让青海方面把罗布藏噶尔先送到北京,再让拉藏汗把什嘉穆措也送到北京,比较一下再确立。"

"现在也只好这样办了。但是,不知他们会不会送来呢?"果然不出康熙皇帝所料,青海方面接到圣旨后不答应,竟擅自让罗布藏噶尔在青海的宗喀巴坐了床。

且说那个取代噶尔丹的准噶尔部首领策妄阿拉布坦,他见青海和西藏两个达赖之争闹得十分紧张,认定这是一个向西藏扩张的大好时机。于是,就在康熙五十五年(1716年)冬,派他的弟弟策凌敦多布带兵六千,徒步绕过大戈壁,翻越了大雪山,日夜兼程,赶到西藏。拉藏汗事先没有防备,等到准噶尔兵已经入境,才赶快集合起队伍,带着儿子索尔扎一起抵挡敌军。

两军交战了两个多月,拉藏汗兵败被杀,准噶尔兵占领了拉萨的布达拉宫。策凌敦多布与他哥哥策妄阿拉布坦一样,也是个凶恶的杀人魔王。他进入拉萨后,大肆烧杀抢掠。他的队伍不光洗劫居民家庭,并且对寺庙也进行疯狂的抢劫,抢走一切值钱的东西,使西藏遭到了一次浩劫。

策凌敦多布遵照他哥哥的命令,在拉萨组建了一个亲准噶尔的政权。他们随时准备发兵进攻"前藏"(拉萨以东至四川一带)等地,准备长期占领西藏。

▶ 粉碎阴谋

准噶尔兵在西藏首次全歼入藏清军后，策妄阿拉布坦更加得意忘形，指使策凌敦多布继续向东推进。他猖狂地叫嚣说："我要夺取青海、云南的全部地区，中国的西部就变成我的天下了。哈哈哈……"康熙皇帝听到策妄阿拉布坦的计划后，决定出师消灭他。

可是，当主和派听到皇上要出兵西藏的消息后，立即提出种种阻挠进兵的理由。康熙皇帝听了这些议论，十分生气，他说："准噶尔叛匪都能冲破雪山草地，闯过急流险滩到西藏，我们英勇无敌的大军为什么不能。策凌敦多布只要听说我大军赶到，一定会望风而逃。"主和派受了康熙皇帝的批评，就不敢再说话了。康熙皇帝又说："大军到了那里，等秩序安定，真的达赖立定以后，是派一部分将士暂时留守，还是永久驻扎在那里，可以视当时的形势而定。平叛安藏大军是非派不可的，这事已不必再作商议了。""喳！"大臣们异口同声地答应着。"好，下面开始作平叛布置。"康熙皇帝又继续说，"废除原先的达赖六世仓央嘉措，封在青海坐床的罗布藏噶尔为达赖六世。"

同时，康熙皇帝又派自己的第十四个儿子胤禵为抚远大将军，率各路清军进藏平叛。策凌敦多布听说清军前来征讨，急忙摆开阵势迎战。两军在拉萨城外打得难分难解，不分胜负。西藏的百姓和喇嘛早就恨透了准噶尔兵，他们在背后进行偷袭，使准噶尔兵腹背受敌，处境十分狼狈。

在清军一次又一次地猛攻下，策凌敦多布终于抵挡不住，匆忙夺路逃走，逃回新疆伊犁去了。

得知清军获胜的消息后，康熙很高兴。他立刻又下旨说："速派轻骑护送达赖喇嘛六世到西藏。"

康熙五十二年（1713年）九月十五日，布达拉宫举行了隆重的坐床典礼。那一天，天气晴朗，红日高照。和煦的微风吹来，让人觉得浑身舒服。喇嘛们吹响长号，宣告庆典开始。成千上万的喇嘛在布达拉宫门前匍匐叩首，诵经念佛。成千上万藏族百姓穿着节日盛装，载歌载舞，涌到布达拉宫前朝拜达赖六世。清朝使节当众宣读康熙皇帝的诏书。从此以后，达赖、班禅既是西藏的宗教领袖，也是行政权力的执掌者。达赖负责治理前藏，班禅负责治理后藏。

清军在西藏地区获得胜利的同时，又回师新疆，招抚了准噶尔兵数千人。自此，康熙集大军进兵安藏，大功告成。康熙没有忘记为安藏而舍生忘死的清军将士们。第二年，他以无限欢欣的感情，作了一首《平藏将士》诗：

去年藏里凯歌回，丹陛今朝宴赏陪。

万里辛勤瞬息过，欢声载道似春雷。

康熙皇帝排除主和派的干扰，坚定不移地粉碎了策妄阿拉布坦想要盘踞西藏的阴谋，确立了由达赖、班禅分别管理前后藏，使中国西南部出现了一个较长时期的安定局面。

第六章　安定西藏

名人名言·正直

1. 巧诈不如拙诚。

——〔战国〕韩　非

2. 聪明正直者为神。

——〔唐〕柳宗元

3. 以正胜邪，以直胜曲。

——蔡　锷

4. 我大胆地走着正直的道路，绝不有损于正义与真理而谄媚和敷衍任何人。

——[法]卢　梭

5. 坦白直爽最能得人心。

——[法]巴尔扎克

6. 为人善良和正直才是最光荣。

——[法]卢　梭

7. 做好人容易，做正直的人却难。

——[法]雨　果

8. 正直虽不是行善，却是缺乏罪恶的证据。

——[俄]列夫·托尔斯泰

9. 有德必有勇，正直的人决不胆怯。

——[英]莎士比亚

10. 走正直诚实的生活道路，必定会有一个问心无愧的归宿。

——[苏联]高尔基

成长关键词

果敢　开明　爱民

第七章

KANG XI

晚年康熙

鞠躬尽瘁，死而后已。

——〔三国〕诸葛亮

▶ 太子风波

康熙在位六十一年，文武双全，表现出了敢于斗争、勇于奋进的精神风貌。然而，他在立太子问题上，却屡遭变故。从此气郁成疾，落下了病根。康熙皇帝有许多妃子，一共生了三十五个儿子。长大成人的有二十个，都是能文能武的人才。康熙十四年（1675 年），在他还只有二十二岁的时候，册立了刚出生的二皇子胤礽为皇太子。刚立太子时，因无人争位，宫廷内平静了多年。随着皇子一个个出世、长大，使太子与诸皇子之间权力争夺更加激烈，逐渐形成了"太子党""皇子党"的派系斗争。

康熙二十九年（1690 年）九月，也就是太子胤礽被册立后的第十五年。年方三十七岁的康熙御驾亲征噶尔丹。中原的九月，人们还穿着汗衫，打着赤膊。可是，在西北的草原上，草已经开始枯萎了。白天行军倒可以，到夜晚露寒霜冻，帐篷里也很冷。康熙皇帝不习惯野外生活，受了风寒。他怕别人侍奉不好，下令召太子胤礽和三皇子胤祉去军中侍奉。

太子胤礽和三皇子胤祉很快来到了军前。太子胤礽听说皇上生病了，不但不忧愁焦虑，反而喜上眉梢。心想：我接班的日子是不是来到了？康熙皇帝早看出太子胤礽的心思，把他给气坏了，心想：普通百姓的儿子在父亲生病时，都知道焦急，巴不得父亲赶快痊愈。你身为太子，却希望我早点儿死，这实在太不孝顺了。康熙皇帝心里非常不快，借机点了一下太子。他叫来太子说："你已经长大了，有了自己的主见。朕指望你能继承祖业，有些事你得仔细思量！"太子见皇上洞悉了自己的心事，吓得伏在地上，叩着头颤声说："皇阿玛抚养儿臣长大，谆谆教诲，儿臣永记在心。"说着鼻子一酸，呜咽一声又强忍住了，只是哽咽饮泣。太子哭倒不是假的，只不过，他不是感动懊悔，而是因为害怕。

半天，康熙缓了口气叹道："你不要害怕，朕只不过是说说。朕保你这点骨血很不容易，你要好自为之。"胤礽哽咽地说："皇阿玛息怒，您老人家保重，儿子有什么错一定改。"康熙发作了一阵，心里好过了点，擦泪站了起来说："二十个皇子里头，朕最疼的是你。并不因为你是太子，为的是你母亲有功于国家，有恩于朕！"提起死去多年的皇后赫舍里氏，康熙的泪又流了下来，他接着说道："如果你不做坏事，哪个皇子、大臣要危害你，朕对他们都决不手软；但要是你自己做坏事，天不容你，朕又如何保全你？去吧，你下去好好想想！"胤礽走了以后，康熙心里非常难过。第二天，就把两个儿子打发走了。从此，父子之间出现了裂痕。

康熙三十七年（1698 年），因为头一年打败了噶尔丹，康熙皇帝就趁此机会大封诸皇子。有的皇子被封为王，有的皇子被封为贝勒。太子知道康熙大封皇子的事后，闷闷不乐地在家喝酒。他心想：皇阿玛这么做，不就是给我信号，叫我收敛点吗？心里很不乐意。诸皇子早就听说皇上与太子之间产生了裂痕，正抱着幸灾乐祸的心情在观望，都希望裂痕再扩大些。他们如今各自都被封了爵位，以为时机到了，纷纷拉党结派，大肆活动起来。康熙知道后，非常生气，他对张廷玉说："几个阿哥抱成一团欺君欺父，还以为朕心里不明白！这真叫人心寒胆战啊！"

张廷玉忙安慰康熙皇帝说："万岁爷言重了，阿哥们怕承受不起……"康熙冷冷一笑说："朕正在想，他们这些人从小生长在皇宫，都是饱读圣贤书的人，看上去又不笨，只能说是别有用心！""那怎么会呢？"张廷玉忙说，"皇上千万别多疑……""怎么不会？"康熙咬牙笑着，舒了一口气，又说道，"这些事，你比朕心里更明白。哼！猫老了就要避鼠——他们是鼠欺老猫！想着朕不中用了，盼着朕早早归天，早早让位！"秋风带着凉意袭来，张廷玉打了一个寒战，浑身猛地一缩。一时间，君臣两个都没有说话。

西风呼呼地吹着，躲在墙角的枯草败叶，也在瑟缩地抖动着。大块的灰云在高大的殿宇上空疾驰而过，一群鸿雁传来一阵悲鸣，越发显得不胜凄凉。"万岁爷……"副总管太监从屋里出来，见康熙和张廷玉站在殿口，衣摆被西风撩起老高，连忙说："外头风大，万一着了凉，可怎么办？"他取出一件貂皮斗篷，替康熙披上了。

康熙四十二年（1703年），有人揭发，说已经告老回家的大臣索额图正帮助太子策划，想要迫使康熙皇帝早日退位，让太子当皇帝。康熙皇帝听后气极了，查明真相后，处死了索额图。

但是，康熙皇帝一时还难以割舍亲子之情，为了给太子一个机会，他在处死索额图后，并没有对太子采取行动。对于太子胤礽来说，索额图的死，既是一个警告，也是一大打击。但是只要他虚心向皇上认错，老老实实听话，安安心心等待皇上百年之后再继位，父子之间的感情是不难修复的。

然而，太子胤礽并没有这样，他认为严重的威胁来自兄弟之间，怕皇上听信兄弟的坏话而废了他。因此，他决定加快与众兄弟争夺皇位的步伐。他命令自己手下的党羽四处侦探，时刻监视皇上和兄弟的一言一行。康熙四十七年（1708年）八月，正当康熙皇帝在承德避暑时，北京来了一封快信。康熙皇帝拆开一看，原来是密妃派人送来的信。信中说："皇上，十八皇子胤祄病重，请快回来抢救他吧！"康熙知道密妃只有这一个儿子，平时十分疼爱。他立刻召来最好的太医严俊昌，对他说道："你今日立即快马回京，抢救十八皇子……"康熙话还没有说完，忽听外面轰隆一声响。"有刺客，有刺客！"外面的侍卫纷纷喊道。他们把一个小太监捉住，五花大绑地带到康熙面前。"说，是谁派你来监视朕的?"

"是……是太……子!"小太监战战兢兢地说。原来,这个小太监见北京送来急信,不知道这信内容是否与争夺皇位继承权有关,竟然敢去扒着窗根偷听。凑巧得很,他听没几句,一脚踩在西瓜皮上,摔了个四脚朝天。康熙帝大动肝火,他再也无法容忍了。心想:"胤礽啊胤礽,你怎么一点儿也不接受教训,竟然监视起朕来了,这还了得!"他大喝一声:"来人,即刻准备,马上回京!"回到北京后,康熙皇帝当即上朝,泪流满面地颁布了废太子的诏书。"……太子不仁不孝,难以任天下共主,废去胤礽太子之位,钦此!"众大臣听了,先是一阵死寂,接着便叩头称是,默然起身。大家心情各有不同,有心里高兴的,有心里难受的,也有隔岸观火的。太子的老师王掞哭得噎住了气,竟昏倒在冰冷的午门前。

大家刚要散去,总领太监高呼一声:"等一等!"他又拿出一篇告示,让诸位皇子看。

原来,康熙又下令把皇长子胤禔、三皇子胤祉、四皇子胤禛、五皇子胤祺、八皇子胤禩分别予以拘押,警告他们不要在这紧急关头轻举妄动,否则将给予严厉的处分。废太子的当晚,康熙连夜起草了向上天祭祀的诰书。他颤抖着,拿起笔来,说道:"太子一旦被废,墙倒众人推,常常不得好死。朕哪愿意废他? 实在是他太不争气,万不得已啊!"说完,两行老泪夺眶而出。第二天,康熙派人去天坛宣布祭天诰文。他沉痛地说:"朕八岁丧父,十岁丧母,一片诚心只可告之上天。唉……朕的这二十个儿子,说来也不算少,竟都远远比不上朕!"说完,心中一阵酸楚,低下头哽咽得不能说话。

废黜太子以后,是否应该马上再册立一个新太子呢? 康熙皇帝事先没有想过这个问题。经过一番思考后,他打算先听听朝臣的意见,了解一下群臣对立储的看法,同时也可以了解一下诸皇子拉党结派的情况。主意想定以后，在一次上朝时，康熙皇帝说："众卿，现在大家有没有合适的太子人选啊？"他话刚说完，就有一个大臣出班启奏："万岁，臣保举八皇子！"

康熙皇帝抬眼一看，上奏之人竟是自己的舅父佟国纲。只听佟国纲说："启奏万岁，八皇子胤禩文才出众，武艺超群，并且容貌酷似陛下，实在是继位的理想人选。如果万岁立八皇子为太子，实在是天下苍生之福啊！"佟国纲一开头，立刻又有一大批文武官员出班跪下帮腔，都众口一词说应立八皇子为太子。康熙皇帝是个善于分辨别人言行的人。他原先料想，按正常的情况，圣旨一下，必然会先有一段时间冷场，群臣需要先把几个皇子掂量一下，然后有选择地举出一两个来供他裁断。可是，自己刚一张口，佟国纲等人立刻站到八皇子胤禩这边说话，并且话说得那么肯定，好像非要他选八皇子不可。他暗想：一定是胤禩的党羽早就打听到了自己有重新立储的意思，所以预先做了布置，买通了一些大臣，如今就急急忙忙来上奏了。想到这儿，他决定杀一杀皇子们的这种争权的势头，特别是要杀一杀当时活动得最厉害的八皇子的势头。事实上，他对八皇子是并没有属意的。于是，他立刻把脸一沉，提高了嗓门斥责佟国纲等人："你们难道不知道立储应当遵守长幼有序的规矩？被废的太子排行第二，怎么能一下子轮到八皇子头上？"康熙皇帝这一表态，等于封了群臣的嘴巴。

本来，几位皇子的党徒和支持者早已准备好了替自己主子要说的话。他们本想在朝堂上与其他的派别舌战一番，比个高低，以求抢到皇位继承权的。如今，他们一听康熙皇帝的口气，好像皇帝早已心有所属，请群臣商讨，无非是走走过场而已。于是大家都不敢再开口了。等到康熙皇帝一再追问，许多大臣也只是支支吾吾地说："臣还没考虑好，等想好了再报告万岁！"也有的大臣更滑头一些，说道："立太子的事，万岁英明神武，一定胸有成竹，臣等料想万岁一定会选择一位最合适的皇子立为太子的。”

康熙皇帝见到这种场面，内心不觉暗暗高兴。他认为，诸皇子争权夺利的气势已经被压住了，他们的党徒都不敢说话了。本来，康熙皇帝一向自信心很强，在这样的问题上，他是不愿意别人多嘴多舌的。退朝以后，康熙皇帝回到后宫。这天天空正下着雪，云压得很低，搅成一团雾似的，灰蒙蒙的。片片雪花纷纷扬扬落下来，好像有无数沉重的哀愁一样落到人间，也落在康熙帝的心头。

这时，康熙帝觉得很郁闷。无意中抬头，他一眼瞧见了胤礽生母、已故的孝诚仁皇后的画像。一时间，万缕思绪一下子涌上了心头。孝诚仁皇后是他的结发妻子，并且又是当年四位辅政大臣之一索尼的孙女。他们从小相识，青梅竹马。结婚以后恩恩爱爱，夫妻相敬如宾，二皇子胤礽就是他们爱情的结晶。可是，生这孩子时难产，他来到人间，还没有吃上一口母乳，孝诚仁皇后就去世了。正是因为这个缘故，所以康熙皇帝十分爱怜胤礽，很早就把他立为太子。

如今，因为他不听话而废了他，这虽然是他自作自受，可是毕竟也有自己平日教训不严的缘故。这怎么能对得起他那九泉之下的妻子呢？对着爱妻的画像，康熙禁不住潸然泪下。正在悲伤的时候，他忽然想起废太子的时候，把众皇子都关了起来。在关三皇子胤祉时，胤祉大喊了一声：“冤枉！”康熙暗想：胤祉在众兄弟中是最老实的，他喊冤枉，一定有缘故。想到这儿，他大喝一声：“来人！速带三皇子胤祉进宫！”

胤祉进宫，行完三跪九叩的大礼后，康熙立刻问他：“胤祉，你在朕面前讲话，要说实话，你那天喊‘冤枉’，是什么意思？”胤祉很老实，见皇上问他，赶快说：“儿臣不敢欺瞒皇阿玛，皇阿玛因为废了太子，怕我们闹事，把我们全关了起来，其实，只用关大哥就行了。”“噢，怎么讲？”“大哥图谋当太子，早就有了这个心！有一天，儿子正在读书，大哥去我那里查了一些星命书，还抄录了魑魅的巫术——"他忽然住了口，因为见皇上脸色铁青，就不敢再说了。"说下去！"康熙厉声说。三皇子胤祉一惊，赶紧又说："儿臣开始以为他好奇，后来听太子府里人说，大哥查了二哥的八字，写了什么东西藏在太子府……"

"什么东西？"

"儿臣多了心，派人在二哥府里找出一张地狱图……上面写着二哥的生辰八字——差点儿没把儿臣吓死！"

"你真反了！这么大的事，你竟然不回奏！"

"儿……儿臣不敢……儿臣真的是吓晕了头。"

"这张图还在吗？"

"儿臣一直留着，希望有一天给皇阿玛看。"

胤祉从怀里取出一张纸，这张纸只有手绢一般大，上面用水墨绘着日月星辰，中间画着山河大地，上面站着一个人，脸部不清晰。图下面，就是十八层地狱，无数的鬼站在那里，要拉那人。画面十分阴森可怕，中间有一小块空白，写着胤礽的生辰八字。这正是大阿哥的字体。康熙痴痴凝视半晌，突然仰天狂笑："好……好！……君臣……父子……兄弟……哈哈哈……"

他把那张纸扔在地上。"来人！"康熙帝忽然止住笑，大喝一声，把屋里的人都吓了一跳。"立刻囚禁大阿哥，令御林军进他府里搜查，有违碍物品，一律送进宫给朕看！"

"喳！"三阿哥胤祉和众人退下后，康熙冷静下来，想到："这一下，事情就有转弯的余地了。朕有了赦免胤礽，重新立他为太子的理由了，也可以告慰在九泉之下的爱妻了。"

康熙四十八年（1709 年）三月的一天，在太子被废后还不足七个月时，康熙皇帝没有和群臣商量，突然下旨复立胤礽为太子。理由是太子中了巫术，得了大病，所以举止失常。现在他病好了，所以复立为太子。同时，除了把大阿哥关起来外，对其他在押的诸皇子也都给予抚慰后释放。

事实上，太子胤礽并没有得狂疾，他是急于当皇帝，急疯了，触怒了皇上才被废的。如今，他被复立为太子。一开始，他还显得很拘谨，表现得很老实。可是，日子久了，他又变成了老样子，照旧拉帮结伙。太子胤礽有个无可救药的致命伤，就是贪财贪色。他一闻到酒香，一定馋涎欲滴；一看到女人，就会浑身发痒；一看到金钱珠宝，立刻就会伸出手来往自己怀里揣。

对太子的这种作风，康熙皇帝看在眼里，痛在心里。他想："太子实在太不争气了，也实在太不能令人容忍了。像这样的儿子，又怎能把江山交给他呢？"康熙皇帝思前想后了很久，又给了胤礽三年考验的时间。这三年时间，他见胤礽积习难改，本性难移，只好做出更加果断的决定。康熙五十一年（1712 年）九月，已经年近花甲的康熙皇帝，忍着心酸之泪，再次下旨废了太子。第二次废太子以后，康熙皇帝绝口不提立太子的事。一有人向他提议重新立个太子，就会触动他心头的隐痛，因而遭到他一顿斥责。这样，群臣也就不敢再谈这件事了。

▶ 初兴文字狱

康熙皇帝在西藏用兵前后所兴的文字狱，以戴名世的《南山集》案最为著名。戴名世是安徽桐城人，为人聪明，很喜欢读书。他特别喜欢历史，到处搜罗明朝末年的历史材料，准备将来撰写明史用。他有位同乡，名叫方孝标。早些年，方孝标因为仰慕云南、贵州的山水，就到那里游玩。当时正赶上三藩之乱，叛军把外地游客全都拘禁了起来，准备杀害。方孝标趁看守不注意，乘机逃了出来。

他九死一生回乡后，把自己的亲身经历写成了一部名为《滇黔纪闻》的书。不但记载了在云南、贵州见到的山水，并且还根据传说，记载了明末桂王朱由榔在西南抗清的事迹。书中记年采用了明永历帝的年号。戴名世看到方孝标的《滇黔纪闻》，对它很感兴趣，也把它收作将来写明史的资料。

过了几年，戴名世有一次和自己的门生余湛闲聊。余湛说："有一个和尚，原先是皇宫中的太监，桂王抗清失败后出了家。""噢，那他对桂王的情况一定很了解了？"戴名世很感兴趣地问。"是的，而且应该是比较真实可靠的。""他现在在哪

文字狱

里？""这个和尚现在已经云游四方去了。""你把这个和尚所说的故事详细记录下来，我想留作写明史的参考。""是，老师。"

一年以后，余湛把全部记录整理好，交给戴名世。戴名世与《滇黔纪闻》一对照，发现二者有不少矛盾的地方。他赶快写了一封长信给余湛，想让余湛尽可能把和尚找来证实一下。信中大意说：我有志修一部明史，以存对故国的思念，因此才到处收集资料。如果你听到这个和尚的下落，帮我把他请回来，我要当面向他打听有关永历帝的情况。

戴名世的这封长信是在康熙二十二年（1683 年）写的。当时，因为余湛找不到那个和尚，事情也就搁下了。后来，戴名世的门生尤云鄂，把老师平日所写的文章收集起来，汇成一本书出版了，书名叫《南山集》。上面所说的写给余湛的那封信，也收到书中。

戴名世在当时很有名气，他的《南山集》能引起明朝的遗老们对故国的思念，所以流传很广。

康熙四十八年，戴名世考中了进士，被授了一个官。戴名世没有做官的时候，《南山集》已经流传了好些年，也没有人说这本书有什么问题。等他做了官，问题就出来了。康熙五十年（1711年），有一个御史给康熙皇帝上了一道奏章说："翰林院学士戴名世，在自己写的书中思念前朝，有诋毁大清的言辞，希望万岁下旨严加议处！"

康熙皇帝接到奏章后，立刻翻阅了《南山集》，发现其中有许多地方对大清不尊敬。康熙皇帝很生气，他对心腹大臣张廷玉说："我做了中国皇帝，爱惜百姓，励精图治，明朝的皇帝中，有哪一个比我做得更好？难道百姓在姓朱的皇帝统治下，日子会过得比现在好吗？"张廷玉见康熙皇帝脸都气青了，赶快安慰他说："皇上颁布了'永不加赋'，现在风调雨顺，国泰民安，比明朝的统治好多了。""大清立国以来，对天下百姓一视同仁，丝毫没有亏待汉人，为什么他们还这么恨我大清？""这只是个别糊涂文人做的蠢事，皇上也不用把这点小事放在心上。""我继位以后，提倡满汉平等，又开设了博学鸿儒科广招汉族才士。我对汉族文人恩宠有加，他们还不知足，就尝一尝高压的滋味吧。"康熙皇帝大喝一声："来人！""喳！""速派人去查一下和《南山集》案有牵连的人！""喳！"

刑部立即逮捕了戴名世，怕他不肯招供，给他上了夹棍。戴名世这位年近花甲的文弱书生，哪里受得起这样严酷的刑罚？只好说："《南山集》中所收的信里提到的方学士，就是方孝标，他作的《滇黔纪闻》，内有永历年号，我认为是写明史的重要材料，所以就收集了。"

这时候，方孝标早已去世，刑部就把他的儿子方登峄捉来审问。方登峄经受不住拷打，招供说："我在很小时，父亲写了这本

《滇黔纪闻》，我也不知道。我回家写信问问我的侄子方世樵，如果还有父亲遗稿，立刻烧掉，免得受牵连。"

当时刑部也早已把方世樵捉拿归案，就转过来拷问他。他经受不住拷打，招供说："我当初已经告诉家人，毁掉了书稿。"刑部接着又拷问为《南山集》作序的方苞、方正玉和出钱刻书的尤云鄂。方苞招供说："我不应该为戴名世的《南山集》作序，真是罪该万死。"方正玉招供说："《南山集》的序文是我花钱让人写的，我愿听候处置。"尤云鄂招供说："我的老师戴名世的《南山集》，是我花银子刻的。"刑部取得了上述口供后，立即会同各有关衙门，共同商议定刑的标准。

康熙皇帝得知案子已经审完了，就下旨说："虽然还有人怀念故国，情节确实严重，但由于牵扯的人太多，所以就从轻发落吧。"刑部立即把决定处死的十个人从轻发落，有九个人被释放，只有戴名世由凌迟改为斩刑。

这一场文字狱由于康熙帝的宽大，减免了对罪犯的处分。可是受到牵连的仍有几百人。这是一次规模很大，影响很广的文字狱。其实，康熙皇帝用大兴文字狱的手段来对付读书人，不仅仅是这一次。早在他即位初年，就已处置过一个《明史》案。

康熙初年，浙江湖州有个叫庄廷鑨的人，因为生病瞎了双眼。他一直很喜欢历史，本来想自己写一部明史。现在，眼睛瞎了，怎么办呢？他的父亲庄允诚疼爱儿子，看到儿子整天苦思苦想，生怕他愁出病来，就建议说："古时候的人，自己著不了书，有出钱请人来代著的，也有花钱买下别人现成书稿的。""是呀。""咱家有的是钱，不如买下一部现成的史书稿子，用你的名字刊刻，不就得了吗？"庄廷鑨听父亲这么说，连连拍手赞成。他说："这主意很好，这主意很好，正合孩儿心意。"

于是，他们就派人出去打听，看何处有穷困潦倒的文人愿意把自己的书稿出售，准备出重金购买。正当庄廷鑨想买一部书稿为自己扬名的时候，他的隔壁邻居朱姓家里正想出卖一部未完成的明史书稿。

原来，这姓朱的邻居是明朝熹宗时候朱国祯的后代。朱国祯博学多识，他生前写了许多史书。只有这本《明书》，还没来得及写完就去世了。他死后，时过境迁，家道破落下来。

如今，他的后代穷得吃不上穿不上，所以就想把祖先留下的这部《明书》出售。庄廷鑨得知这个消息，高兴地说："这是老天要成全我啊。"他立刻派人把《明书》稿本买了回来。许多汉族名士听说有部《明书》需要整理和补写，都纷纷赶来表示愿意效劳。有的人竟流着眼泪说道："只要能为纪念前明，不给报酬我也愿意做啊。"

于是，有一大批文人参与了这部明史的补写和整理工作。庄廷鑨眼睛虽然看不见，但他用手摸着那堆起来有一尺多厚的稿本，心里十分高兴。他说："没想到，我的理想这么快就实现了。"于是，他拿出重金酬谢请来的名士，甚至对那些不要钱的，也硬要送些润笔费表示感谢。为了使这部书刊出得更有气派，他没有征求那些名士的意见，硬把他们的名字也列入参订者的名单中。他用自己的名义把书刊刻，在书店里卖了起来。

读书人听说记载明朝历史的书出版了，大家都争着购买，使书的价钱一下子上涨到六两银子一部。庄廷鑨非常高兴，他骄傲地对别人说："没想到，我还能赚大钱，这真是名利双收的好事啊。"他万万没有料到，因为自己的好名好利，竟惹出了一场文字狱的大祸。不仅他自己家里落得个满门抄斩，还连累许多文士都跟他遭了殃。

原来，当时有一个归安知县吴之荣，是一个无事生非的小人。因为犯了法，他被关进监狱，本应处以绞刑。后来凑巧遇上了大赦，才被释放了出来。他出狱后，官做不成了，却还想发横财。有一天，他闲着无事，到集市上溜达。忽然，他看见书店门口排了一条长队，大家都等着买一本书。他好奇地走过去，问一位老先生："请问这是卖什么书啊，生意这么好？"

老先生慈眉善目，他温和地说："买《明史辑略》，这本书怀念先明，实在太好了，道出了我们汉人的心里话呀！"吴之荣听了，眼珠一转，高兴地想：哎呀，这下我发大财的机会可来了。他买不起书，晚上溜到书店里，把锁撬开偷了一本出来。

他花了一天工夫，仔细阅读了一遍《明史辑略》，发现这本书里果然有不少怀念明朝、诋毁清朝的话。于是，第二天一大早，他就迫不及待地拿了书到庄廷泷家里去讹诈说："你们好大的胆子，竟敢刻书美化明朝、诋毁大清，真是罪大恶极。现在看在你家是书香门第，还是赶快拿出些银子来，不然我就去报官！"

庄家官场上的事见得多了，见一个无赖来威胁，就派一个管家说："我们庄家银子有的是，但不会给你这无赖。你刚从监狱出来，劝你老实做人，不要到处惹是生非。"吴之荣挨了训斥，气极了，就跑到县太爷那里，气喘吁吁地报告说："回……回老爷，庄家写了一本大逆不道的明史……"庄家早就料到吴之荣这个无赖会去告官，就给县官送了许多礼物。县官接到礼物后，立即就把吴之荣撵出大堂，斥责他说："你这泼皮，不老实做人，还到处诬告，下次再抓到你，一定把你关起来。"

吴之荣愤恨地走出了县衙。他不甘心，又一次到庄家讹诈说："你们不要以为这件事情了结了，这种大逆不道的事情迟早会有人来管的。"庄家的仆人冷笑说："你算什么东西，也敢来威胁我们家老爷？"吴之荣说："你们不想请我帮忙，那就走着瞧吧，到时候可别后悔。"庄老爷冷笑说："吴之荣的底细谁不知道，一个泥鳅顶不翻大船。他既然还不老实，那就给他点厉害瞧瞧吧。"

庄家不但不买账，反而把吴之荣告到道台张武烈那里说："那犯了死罪的县令吴之荣，本是个大贪官，如今皇上开恩，饶了他的狗命。他本应该回家做个安分守己的平民，可是他竟然还在这里惹是生非，到处讹诈，请求严惩。"张武烈说："我早听说吴之荣贪赃枉法，当官三年，就贪了几十万两银子。你们不用怕，我来收拾他。"

于是，道台派人抓住吴之荣，把他撵出了湖州。吴之荣再次讹诈不成，火冒三丈。他听说有个叫朱佑明的人家里很有钱，而《明史辑略》里有许多"朱史氏曰"的评论。就跑到朱佑明家里讹诈。他无理取闹地硬说朱史氏就是朱佑明。朱佑明对家人说："这个吴之荣我知道，他前一阵到庄廷鑨家里讹诈，被庄家买通官府把他赶出了湖州。这个跳梁小丑，哪有什么大本事？"

第二天，吴之荣又一次去朱家讹诈。家里的男人故意都躲藏了起来。几十名妇女一拥而出，围住吴之荣，把他臭骂了一顿。吴之荣受不了这个气，他恨恨地说："走着瞧吧，不把你们庄、朱两家告倒，我誓不为人！"他急忙赶到北京，跑到刑部的衙门前，把鼓擂得震天响。刑部派人了解情况，吴之荣故作委屈地说："草民吴之荣，在湖州发现了有人造反的重大案子，写逆书的人是庄廷鑨、朱佑明。当地官府包庇他们，不受理草民的告发，所以草民进京来告御状，请求皇上圣断。"说完，就把那本《明史辑略》呈上去做证据。刑部接到吴之荣的状子后，自然不敢怠慢，立即上奏康熙帝。

康熙派人翻书检查，发现书中果然有怀念明朝，不利于清朝的话。他非常生气，立即派人去刑部降旨说："这个案子一定要严加查办，压一压这些文人的气势。"刑部接到圣旨，派人星夜赶赴湖州办案。

这时候，庄廷鑨已经死了。钦差命当地官府挖掘他的坟墓，把尸首砍成数段，又把庄、朱两家的全部男丁都抓了起来。这一起明史案，总共死了两百多人，其中绝大多数可以说是被无辜牵连的。

▶ 重视修书

经过明史案和《南山集》案两大文字狱以后，康熙皇帝开始对这事加以反思。他对上书房心腹大臣张廷玉说："朕现在回过头来想一想，觉得光是用高压手段来对付文人学士也不是好办法。""是啊。"张廷玉答道。他一直想找机会劝劝康熙皇帝，见康熙皇帝主动跟他说起这件事，觉得机会来了，便大着胆子说："臣认为，如果是对付拿着刀枪造反的人，用高压手段把他们打败了，也许能安定一时；而对付拿笔杆的文人学士，高压虽有杀鸡给猴看的作用，但是他们心里未必会服气。"

"嗯，你说得很有道理。"康熙皇帝点头说，"在采取高压手段的同时，还应该给读书人一些甜头尝尝，用功名笼络他们。""是的。""让他们觉得反清没有前途，而把本领贡献给清朝则前程远大，名利双收。前些年举办了博学鸿儒科，还是很有成效的，修史工作也已经开展很久了，还有什么工作可让他们做呢?""回皇上，现在文字较为混乱，急需编一部比较完备的字典。""好，就这样。"康熙帝兴奋地说，"任命文华殿大学士张玉书和文渊阁大学士陈廷敬做主阅官，请他们网罗一批文人学士来编字典。""皇上，如果这样，读书人就会感到读书有用，会静下心来搞学问了。"

就这样，经过整整五年的辛勤劳动，到康熙五十五年（1716年），当时中国最大最完备的字典——《康熙字典》终于完成了。

在康熙皇帝的一生中，除了文字狱外，还很重视修撰书籍，编修《康熙字典》只是康熙皇帝一生中的一个小小的部分。

《康熙字典》书影

康熙幼年丧母，由孝庄太皇太后抚育。这位祖母按照嗣君的目标培养她心爱的孙子，标准高，要求严。他自幼龄学步能言时起，凡饮食、动作、言语，皆有矩度，虽平居独处，亦须自觉遵守，不得越轶。出宫去南苑射猎，必须事先请示祖母，得到许可，方能前往。而且，在外期间除认真射猎之外，仍要照常读书，完成每日学业，并处理国务。祖母认为少年玩物必丧志，遂有意引导他远离奇花、异鸟、珍禽、怪兽，不玩此类事物。加之幼年登基，大事迭起，国务繁殷，无暇顾及其他，因此康熙自幼处事就很严谨，有着勤读书，嗜书法，爱骑射，留心典籍，喜欢稼穑而不好饮酒，不看低级读物，不做无聊游戏等良好的习惯和高雅的情趣。但与此同时，也使青年时期的康熙显得少年老成，爱好不够广泛，缺少一般青年人应有的活泼与浪漫，每天的活动比较单调，除了御门听政，批阅奏章之外，便是听人讲课，读书写字，休息时辅以骑射、摔跤。

到了晚年，情况有所不同：一是天下大定，四民初安，形势相对平稳；二是机构健全，臣下得力，不必事事躬亲，时间较前宽松；三是年老体弱，不适合过多的骑射及狩猎活动，而更多的需要清静的环境及赏心悦目、陶冶性情的文娱活动。因而，康熙晚年的兴趣爱好、"业余"活动与青壮年时代有所不同。当然，不是截然两样，其内在连续性也很明显。

康熙晚年对修书最感兴趣，成果也以晚年最多。他一生自撰及组织有才能之士编纂的书籍达六十余种，其中绝大部分在五十岁以后完成。修书之所以成为康熙晚年"最乐之事"，并非单纯出于兴趣，而有其历史的必然性。康熙治国数十年，建树甚多，成效卓著，守成、创业功绩之伟大举世公认，他珍惜自己的事业，总结治国经验，渴望能传之千秋万代。

康熙是一位有真才实学的君主，深知科学文化的价值不可忽视，因而肯下工夫、花工本进行整理，使之发扬光大。他的思想是深邃的，经验是丰富的，留给后人的是一笔最宝贵的遗产。他一生兢兢业业，修身、齐家、治国，都十分认真，并投入全部精力，不曾虚度一寸光阴，自信每个体会对后人都有益处。这一切，使他不由自主地产生一种写出来、留下去的强烈愿望，如蚕吐丝，欲罢不能。这是他一生忠于事业，献身事业的必然产物。

在康熙的晚年，因废太子之事大病多天。之后身体一直不大好。但他没停止，反而更重视写作，利用万机余暇，伏案攻读，奋笔疾书。因病重，身体难支，不能亲自执笔时，便将构思成熟之事随时口述给身边的皇子及亲信侍卫，令笔录存案。后来由皇四子胤禛（雍正）即位后整理出版，定名为《庭训格言》。

此书是回忆录式和经验体会笔记式的作品，利用亲身经历告诉后人一些有益的道理。全书凡二百四十六则，都是《实录》《圣训》所未载；每则讲一个小故事，通过实例说明应如何修身、齐家、治国、平天下。关于教育子女者，如："为人上者，教子必自幼严饬之始善。看来有一等王公之子，幼失父母，或人唯有一子而爱恤过甚，其家下仆人多方引诱，百计奉承。若如此娇养，长大成人不致痴呆无知，即多任性狂恶。此非爱之，而反害之也。汝等各宜留心。"这里面包括对已废太子教育的失败，致其"任性狂恶"的惨痛教训的总结。其关于治国者，如："人君以天下之耳目为耳目，以天下之心思为心思，何患闻见之不广？"又如："凡天下事不可轻忽，虽至微至易者，皆当以慎重处之。……必谨终如始。""凡理大小事务,皆当一体留心,古人所谓防微杜渐者"。此外,关于勤奋好学、知人善任、节用爱民、勇于承担、率先执法、居安思危、虚心纳谏、勿为虚意赞美之言所欺等,也都各有论述。

康熙修书的重要项目之一是整理出版他本人的文集《清圣祖御制文集》,分集陆续刊印。康熙逝世后,由雍正主持,命庄亲王允禄负责编辑印行。该《文集》有极为重要的史料价值,尤其是其中的千余首七言和五言诗,题材广泛,题旨也比较深厚,记述了他亲身经历的历次重大政治活动,体现出他的思想境界和博大胸怀,可以补正史之不足。不仅如此,它还是一部文学佳作,是表现满族文化特点和优秀成果的代表作品。

康熙平生出师行猎及巡视各地,经常对各地的物产资源、山野动物、江河鱼类、草木药材、风云雷电、潮汐地震、语音方言、风俗习惯等留心考察,进行研究,晚年写成心得笔记《康熙机暇格物编》上、下两册。里面记载着康熙对自然现象研究的心得。他注意到黑龙江西部察哈延山喷焰吐火、气息如煤的奇特现象;根据瀚海的螺蚌甲,推知远古的蒙古戈壁是泽国。他对农业尤其注意研究,对我国的水稻、小麦、谷子,对新疆的西瓜、葡萄,对农业与水利的关系、农作物生长与南北土性、节气的关系、蝗虫滋生规律等,都有一些研究。此书直到清末光绪年间,才由肃武亲王豪格的七世孙宗室盛昱整理付梓传世。

康熙对所修各书,均事先提出指导思想和具体要求,编修过程中随时予以指点,有些甚至在定稿时逐章审阅、修改。康熙对修书有一个重要的思想,即博采众家之长、不专守一家之说,纂修《康熙字典》及《周易折中》时,他提出这一思想作为指导原则。修《字典》之前,他指出:研究经传和古代文化的人越来越多,对文字音义的解释也更加深入、细致。因此,不能仅"据一人之见,守一家之说",而应吸收最新研究成果,博采众家之长、兼收并蓄,以待来者。

▶ 溘然长逝

康熙五十六年（1717 年），康熙皇帝得了一场大病。他以为自己劫数难逃，就密诏上书房大臣张廷玉和方苞进见，起草遗诏。康熙在遗诏中，对自己的一生进行了总结。他平静地对张廷玉和方苞说："朕已经想好了，这遗诏要分成两层来写。立继位人是一层，这个要先写，不能等我真不行时再立诏，那时就晚了！""那第二层呢？"张廷玉问。康熙喘了口气，慢慢说道："趁我还明白的时候儿，把我的生平思想，披肝沥胆地昭示子孙，留给他们作为借鉴。"接着，康熙一条一条地对自己的一生做了总结性评价。主要有四个方面：

成长关键词 ↓ 果敢 开明 爱民

一是享年高寿，在位长久。康熙活到六十九岁，在位六十一年，是中国历史上在位时间最长的一个皇帝。

二是尽心竭力，勤奋一生。

三是运筹用兵，统一国家。

四是力戒骄奢，节俭爱民。

张廷玉和方苞流着泪记下了康熙皇帝说的每一句话。张廷玉流泪说："皇上的大位，可有人选了吗？"

"你们觉得谁能当此大任呢？""臣认为，三阿哥欠缺治事才勇，八阿哥善于与人打交道，而不善于治国……""你们只管说，像这样毫无遮掩最好。""臣认为，十三阿哥和十四阿哥不错。""噢？""十四阿哥比十三阿哥又更好些。十三阿哥仿佛无自立的能力，他会是个好臣子，但不能胜任重任。"这时候，一直不说话的方苞也说："廷玉所见很透彻。臣以为四阿哥胤禛也应该说说。四阿哥为人孝顺，办事认真，心有城府，自立心强，很有主见。但他个性坚如铁石，由于过分认真，总让人觉得阴森刻薄，这也不能不说是一个缺点。"

接着，二人又议论了其他的几个皇子。这时已经晌午，康熙便传了饭菜来，赐二人进餐。他舒了一口气说："说了半天，都有好处，到底哪个更好，可以把这大好江山交给他呢?""万岁，"张廷玉放胆说，"臣认为十四爷文武双全，四爷果断刚毅，他们两个更好。""是吗?"康熙喝了一口茶，漫不经心地说，"这是一母同胞，闹到一起了。""恕臣直言，"方苞插话说："臣认为，现在天下太平日久，皇上要选继位人，不能选守业的人，而要选毅力坚强，精明强悍，能矫正时弊的人!""这样说来，四阿哥倒更接近一些。"康熙说。"万岁圣明!"方苞索性说，"臣以为四阿哥和十四阿哥中，必有一人是天子之命!"康熙眼中波光一闪，刹那间又变得若无其事，笑道："天无二日，国无二主，皇帝只能有一个。你们看哪个更好?"方苞笑道："哪个更好，圣上问得太突然，臣从来也没想过。如果皇上想从这二人里选一人，臣有一个法子为皇上定夺!""什么法子?"虽然在病中，但康熙的目光陡地变得急切。"看皇孙!"方苞坚定地说，"有一个好皇孙，可保大清三代盛世!"康熙猛地想起在热河打猎时见过的弘历。他用手抚了一下头，笑道："朕找到人选了!"然后又说，"皇四子胤禛，为人坚强果断;他的二子弘历，聪明有大志，乃天子福相。大位传与四子胤禛!""喳!"康熙收敛了笑容："今天这事，只有你们二人和朕知道，如果传出去，朕虽爱你们，怕也无法保护你们了。"张廷玉和方苞一齐说："请皇上放心!"康熙又说："等到朕走那日，遗诏才可以公开，这也是为了防止小人从中破坏!""遵旨!"康熙皇帝说了一天话，非常疲倦，只是强撑着。现在，见大位已定，自己的一生经历都已整理完毕，就像卸下了心里的一块大石头。他长长吁了一口气说："你们退下吧。"

康熙六十一年（1722年）十一月十三日，康熙病情恶化。他知道自己不行了，立即叫来群臣。张廷玉从密封的匣子里取出遗诏，交给尚书隆科多。隆科多含泪念道："皇四子品行端方……能堪大任，令皇四子胤禛继承皇位。""喳！"一干大臣、皇子齐声说。平时不苟言笑，稳重严肃的四皇子胤禛听完诏书，心中激动无比。他突然张开双臂，拥抱住康熙，流泪说道："阿玛！阿玛……儿子胤禛舍不得您啊！您为国家操碎了心，为什么要让我来承担这个重任？……阿玛呀……"这时候，康熙皇帝已经不行了，他的嘴已经说不出话来。他只是两眼直直地瞅着胤禛，却说不出话，两行老泪流了下来，滴在枕头上。那目光，有赞许，有难过，有期望。太医立刻送上一碗人参汤。"我来。"胤禛端起碗，一勺一勺地喂着父亲。侍候父皇喝完了汤，胤禛又用绢帕为康熙皇帝拭去了嘴边的汤迹。这时，康熙皇帝的喉间动了一下，他凝望胤禛的双眼亮了一下，然后，手一松，就溘然长逝了。

康熙六十一年（1722年）十一月二十日，四皇子胤禛即位，年号"雍正"，改明年为雍正元年。同时，正式确定康熙的庙号为"圣祖"。史称"清圣祖"。

名人名言·惜时

1. 少年易学老难成，一寸光阴不可轻。

——〔南宋〕朱　熹

2. 时间就像海绵里的水，只要愿挤，总还是有的。

——鲁　迅

3. 时间就是生命，时间就是速度，时间就是力量。

——郭沫若

4. 时间是由分秒积成的，善于利用零星时间的人，才会做出更大的成绩来。

——华罗庚

5. 抛弃时间的人，时间也会抛弃他。

——［英］莎士比亚

6. 不要把时间、财力和劳动浪费在空洞、多余的语言上。

——［德］歌　德

7. 世界上最快而又最慢，最长而又最短，最平凡而又最珍贵，最易被忽视而又最令人后悔的就是时间。

——［苏联］高尔基

8. 最严重的浪费就是时间的浪费。

——［法］布　封

9. 把活着的每一天看作生命的最后一天。

——［美］海伦·凯勒

10. 在所有的批评家中，最伟大、最正确、最天才的是时间。

——［俄］别林斯基

名 人 年 谱

康熙皇帝

1654 年 5 月 4 日　生于北京紫禁城景仁宫，姓爱新觉罗，名玄烨。

1658 年　五岁入书房读书，极勤奋。

1661 年　八岁父顺治帝死，玄烨即位，次年改年号为"康熙"。鳌拜等四大臣辅政。

1663 年　十岁生母佟佳氏死。

1665 年　十二岁大婚，册立内大臣噶布喇之女赫舍里氏为皇后。

1667 年　十四岁亲政。

1669 年　十六岁实行"更名田"。智擒鳌拜。

1670 年　十七岁颁布《圣谕十六条》，宣布以儒学治国。

1673 年　二十岁，吴三桂反于云南，"三藩之乱"爆发。

1677 年　二十四岁任命安徽巡抚靳辅为河道总督，主持治理黄河。

1679 年　二十六岁，清军攻克岳州，平叛战争取得决定性胜利。

1681 年　二十八岁，清军进军云南，"三藩之乱"最后平定。

1683 年　三十岁收复台湾。

1684 年　三十一岁设台湾府，辖台湾、凤山、诸罗三县。开海、开矿。

1685 年　三十二岁，第一次雅克萨之战开始。

1687 年　三十四岁，孝庄太皇太后病逝，享年七十五岁。

1689 年　三十六岁，中俄《尼布楚条约》签订。

1690 年　三十七岁，清军大败噶尔丹于乌兰布通。

1691 年　三十八岁，多伦会盟，在外蒙古实行盟旗制度。

1696 年　四十三岁亲征噶尔丹。昭莫多之战胜利。

1703 年　五十岁，淮、黄工程初步竣工。

1706 年　五十三岁，《全唐诗》编成。《古今图书集成》初稿编成。

1708 年　五十五岁废太子胤礽。

1712 年　五十九岁宣布以后滋生人丁，永不加赋。

1713 年　六十岁册封班禅额尔德尼。

1714 年　六十一岁修成《律历渊源》。

1716 年　六十三岁修成《康熙字典》。

1717 年　六十四岁议定禁海政策及具体办法。

1718 年　六十五岁，《康熙皇舆全览图》绘成。

1720 年　六十七岁，命人护送六世达赖入藏，驱逐准噶尔军队。

1722 年 12 月 20 日　六十九岁病逝于北京畅春园寝宫。